Erich H. Heimann

Selbst Küchen bauen und modernisieren

Compact Verlag

© 1995 Compact Verlag München
Nachdruck, auch auszugsweise,
nur mit ausdrücklicher Genehmigung
des Verlages gestattet.
Alle Anleitungen wurden
sorgfältig erprobt – eine
Haftung kann dennoch
nicht übernommen werden.
Umschlaggestaltung: Inga Koch
Printed in Germany
ISBN 3-8174-2231-8
2222315

Ein Wort zuvor

Selbermachen – ein Hobby, das heute für Millionen zur sinnvollen Freizeitbeschäftigung geworden ist. Ob es sich nun um die gemietete Altbauwohnung oder um die eigenen vier Wände handelt, mit etwas Geschick und einer fachmännischen Anleitung lassen sich oft verblüffende und ansprechende Ergebnisse erzielen: bei kleinen Reparaturen, beim Renovieren und Verschönern und beim Um- und Ausbauen.

Und Selbermachen bringt Spaß. Freude an der eigenen Arbeit, deren Ergebnis man Tag für Tag sehen und »bewundern« kann; es spart Geld, mit dem sich langgehegte Wünsche erfüllen lassen, und es macht unabhängig von Handwerkern, auf die man womöglich wochenlang und schließlich vergeblich gewartet hat.

Fachgeschäfte, Heimwerker- und Baumärkte versorgen den Hobbyhandwerker mit allen Werkzeugen und Materialien, die er braucht. Doch richtiges Werkzeug und Begeisterung allein reichen nicht aus. Unerläßlich sind eine gründliche Vorbereitung und Fachkenntnisse, wie eine Arbeit durchzuführen und was dabei zu beachten ist.

COMPACT PRAXIS **Selbst Küchen bauen und modernisieren** zeigt, wie man's macht. Mit wertvollen Tips und Tricks, die sich in der Praxis tausendfach bewährt haben. Jeder Arbeitsgang wird ausführlich Schritt für Schritt gezeigt und in Bild und Text erläutert. Übersichtliche Symbole zeigen auf einen Blick, mit welchem Schwierigkeitsgrad, welchem Kraft- und Zeitaufwand Sie bei jedem Arbeitsgang rechnen müssen, welche Werkzeuge Sie brauchen und wieviel Geld Sie durch Ihre eigene Arbeit einsparen können.

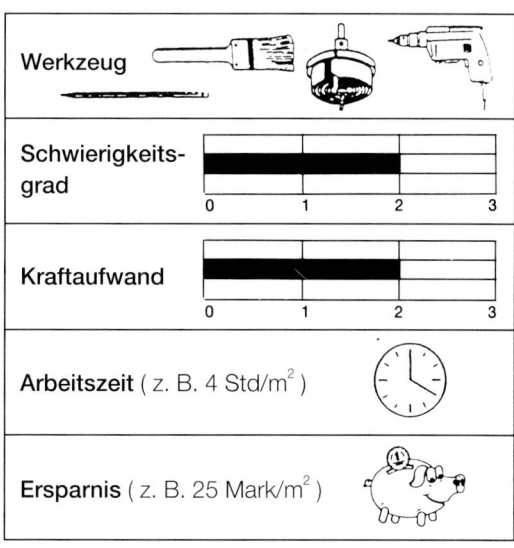

Und so stufen Sie sich richtig ein:
Schwierigkeitsgrad 1 – Arbeiten, die auch der Ungeübte ausführen kann. Es ist nur geringes handwerkliches Geschick erforderlich.
Schwierigkeitsgrad 2 – Arbeiten, die einige Übung im Umgang mit Werkzeug und Material erfordern. Es ist handwerklich durchschnittliches Geschick notwendig.
Schwierigkeitsgrad 3 – Arbeiten, die fachmännische Übung erfordern. Überdurchschnittliches Geschick ist erforderlich.
Kraftaufwand 1 – leichte Arbeit, die jeder bequem erledigen kann.
Kraftaufwand 2 – Arbeiten, die eine gewisse körperliche Kraft voraussetzen.
Kraftaufwand 3 – Arbeiten für kräftige Heimwerker, die keine »Knochenarbeit« scheuen.

Inhaltsverzeichnis

Fachkunde

Renovieren als Eigentümer oder Mieter	6
Gas, Wasser, Strom – Bereiche für den Fachmann	7
Spezielle Probleme bei Altbauten	9
Umgestaltung der Küche und Lösungen	19
Die Küche braucht Luft und Licht	23
Richtige Beleuchtung in der Küche	25

Materialkunde

Materialien für Trennwände und Möbel	28
Fliesen für Böden, Wände und Arbeitsflächen	37
Alternative Bodenbeläge	44
Alternative Wandbekleidungen	46
Moderne Spülen und Armaturen	48

Werkzeugkunde 50

Grundriß- und Planungsideen

Gute Planung macht sich bezahlt	52
Eine offene oder geschlossene Küche	54
Ergonomie und Ökonomie	57

Inhaltsverzeichnis

Grundkurse

Gasbetonsteine verarbeiten	63
Podeste bauen	64
Trennwände aus Gipskartonplatten	66
Eine abgehängte Decke bauen	68
Fliesen verkleben	70
Richtig bohren und dübeln	73
Sanitär- und Anschlußfugen versiegeln	76

Arbeitsanleitungen

Minimallösung: Umgestaltung der Küche	79
Altbauküche im neuen Gewand und mit Eßplatz	83
Landhausküche mit gemauerten Möbeln	87
Arbeitsküche mit erhöhtem Sitzplatz	93
Die Appartement-Küche	97
Single-Küche mit Eßplatz	101
Eine Küche mit zentralem Arbeitsblock	105
Ein Container mit Rollen für die Küche	111
Ein Hängeregal für die Küche	115

Bildquellen-Nachweis 120

Renovieren als Eigentümer oder Mieter

Die Vorstellungen über Funktionalität und Gestaltung der Küche haben sich in den letzten 30 Jahren einschneidend gewandelt. Wurde in den fünfziger Jahren die kleine Küche propagiert, so ging der Trend in der Folgezeit wieder mehr und mehr zur größeren Küche hin.

Allmählich begann man auch die Küche ergonomisch richtig zu planen und auszustatten. Auch Modetrends und Veränderungen der Lebensformen blieben nicht ohne Folgen für das Erscheinungsbild der Küche. Sie brachten uns zum Beispiel die offene Küche, aber auch die Kochnische für das Single-Appartement.

Diese vielschichtige Entwicklung ist auch unter anderem der Grund für den hohen Renovierungs- und Modernisierungsbedarf im Küchenbereich.

Als Grundkonzept zeichnen sich einige immer wiederkehrende Forderungen ab:

Die Küche muß

- genügend Bewegungsraum bieten,
- unnötige Wege vermeiden,
- ergonomisch richtig gestaltet sein und
- bei der Geräteausstattung den Forderungen nach Wirtschaftlichkeit und Umweltschutz entsprechen.
- Zugleich sollte die Küche wieder mehr als Kommunikationszentrum der Familie dienen und einen Eßplatz mit einschließen.

Die Verwirklichung dieser Ziele kann relativ einfach, aber auch sehr aufwendig sein. Sie wird oft nur durch einschneidende Maßnahmen wie Grundrißveränderungen oder Verlegung der Küche in einen anderen Raum möglich.

Die Skala der Veränderungen reicht von der Modernisierung der Küche bis zur kompletten Neueinrichtung einschließlich Neuanschaffung von Möbeln und Geräten.

Entsprechend weit gefächert ist auch der Kostenaufwand, der allerdings durch Eigenleistung entsprechend reduziert werden kann.

Dabei ist zu beachten, ob man zur Miete oder im eigenen Haus wohnt, denn eine umfassende Küchenmodernisierung greift unter Umständen auch in erheblichem Umfang in die Infrastruktur des Hauses von der Energieversorgung bis zum Schallschutz und bei Grundrißveränderungen größeren Ausmaßes möglicherweise sogar in die Statik des Hauses ein, so daß Sie solche Maßnahmen mit dem Eigentümer absprechen müssen.

Die sogenannte »Mietermodernisierung« ist heute längst keine Ausnahme mehr und kann sogar durch Einsatz von Bausparmitteln finanziert werden. Um die Investition abzusichern, empfiehlt sich eine vertragliche Regelung über die Dauer des Mietverhältnisses, die Höhe des Mietzinses und die Bewertung der Eigenleistung, um im Falle eines Auszugs entsprechende Übernahmezahlungen durch den Nachmieter vertraglich festlegen zu können. Musterverträge gibt es bei Hausbesitzer- und Mietervereinen, und auch Bausparkassen können sich als kundige Berater in Sachen Mietermodernisierung erweisen.

Auf jeden Fall sollte der Mieter seine Umbaupläne mit dem Eigentümer der Wohnung oder des Hauses in allen Einzelheiten besprechen und hierzu seine schriftliche Einwilligung einholen.

Wer die Küchenrenovierung als Eigentümer des Hauses oder der Wohnung angeht, kann dagegen wesentlich freier vorgehen. Gelten die Modernisierungsmaßnahmen einer nicht selbst genutzten Wohnung, so kann der Aufwand steuerlich geltend gemacht werden. Wegen der Bewertung der Eigenleistung sollte auf jeden Fall der Rat eines Steuerberaters eingeholt werden.

Zusammenarbeit mit dem Fachmann

Gas, Wasser, Strom - Bereiche für den Fachmann

Eine funktionelle Küche bedarf umfangreicher Ver- und Entsorgungsleitungen. Dabei geht es in hohem Maße um die technische Sicherheit. Einschlägige Bestimmungen der Energieversorgungsunternehmen verlangen, daß Neuinstallationen wie auch Änderungen vorhandener Anlagen ausschließlich durch einen konzessionierten Meisterbetrieb ausgeführt werden. Diese und Verantwortungsbewußtsein sprechen gegen Alleingänge des Heimwerkers, wann immer es um Gas, Wasser oder Strom geht. Installationsfehler können in diesem Bereich nicht nur hohe Sachschäden – zum Beispiel durch Wasser – auslösen, sondern auch Lebensgefahr bedeuten.

Deshalb: Hände weg von Gas, Wasser und Strom! Ohne fachlichen Rat und Beistand des Fachmanns geht es nicht!

Mit Rat und Beistand, um es ganz klar zu sagen, kann auf keinen Fall die als Nachbarschaftshilfe getarnte Schwarzarbeit gemeint sein. Und zwar nicht nur, weil man sich auch als Auftraggeber strafbar macht, sondern vor allem, weil der Schwarzarbeiter im Schadensfall nicht in die Haftung eintreten kann, keinen entsprechenden Versicherungsschutz und in den seltensten Fällen die geforderte fachliche Qualifikation besitzt. Die formgerechte Abnahme einer in Schwarzarbeit installierten Neuanlage ist ohnehin nicht möglich!

Die Zusammenarbeit mit einem Fachmann empfiehlt sich aber auch aus anderen Gründen – zum Beispiel, wenn es darum geht, Planungsfehler zu vermeiden.

Inzwischen gibt es übrigens auch schon viele

Demontage alter Leitungen

Neue Anschlüsse verlegen

Elektroarbeiten nur vom Fachmann!

Zusammenarbeit mit dem Fachmann

Moderne Küche: funktionell und schön

Beispiele partnerschaftlicher Arbeitsteilung zwischen Handwerksbetrieben und Heimwerkern.
Dabei wird der Rahmen der Eigenleistungen zwischen Profis und Selbermachern abgesteckt. So kann der Heimwerker bei voller Gewährleistung des Fachbetriebs dennoch durch Zuarbeiten einiges Geld sparen. Die Ausführung der sicherheitsrelevanten Arbeiten bleibt dabei dem Fachmann vorbehalten, der auch die technische Überprüfung der Gesamtanlage vornimmt und für eine eventuell notwendige Abnahme sorgt.
Wer eine solche Arbeitsteilung mit einem Fachbetrieb anstrebt oder diese Möglichkeit auch nur einmal für den speziellen Fall prüfen möchte, findet zum Beispiel bei der örtlichen Handwerkskammer Rat. Außerdem sollten Sie sich in dieser Angelegenheit aber auch nicht scheuen, selbst das Gespräch mit einem Fachbetrieb zu suchen, um die Möglichkeit einer kostensenkenden Zusammenarbeit zwischen Profi und Selbermacher zu prüfen.
Dieses Gespräch erweist sich zuweilen auch als hilfreich, wenn man bei der geplanten Küchenrenovierung spezielle Markenprodukte einsetzen möchte. Viele Hersteller vertreiben nämlich ihre Produkte exklusiv über den Fachhandel, wo normalerweise nur Fachbetriebe einkaufen können. Dies gilt zum Beispiel für Keramikspülen, Armaturen und Warmwassergeräte, die bei einer Modernisierung meist benötigt werden.
Die Zusammenarbeit mit dem Fachmann ist bei einer umfassenden Küchenmodernisierung vor allem wegen der speziellen Probleme ratsam, die ältere Häuser und ihre Installationen aufwerfen können. Hier zahlt sich die Erfahrung des Fachmanns aus; sie schützt vor allem vor Risiken und Schäden durch eigene Unkenntnis.

Spezielle Probleme bei Altbauten

Ebenso wie das Bad ist die Küche ein Raum, der bestimmte technische Voraussetzungen hinsichtlich Ver- und Entsorgungsleitungen, Dämmung, Lüftung und Schallschutz erfüllen muß.

Je nach Alter des Hauses liegt das eine oder andere mehr oder weniger im argen. Die funktionellen Anforderungen an Baukörper und Ausstattung wurden zu verschiedenen Zeiten unterschiedlich bewertet, zuweilen auch infolge Materialmangels, zum Beispiel bei Häusern aus der unmittelbaren Nachkriegszeit. Daran haben häufig auch mehrere zwischenzeitlich erfolgte Renovierungen und Modernisierungen nur wenig geändert.

Wer sich mit dem Plan trägt, seine Küche von Grund auf zu modernisieren, tut gut daran, mit einer Bestandsaufnahme des Ist-Zustands von Wänden, Boden und Leitungen zu beginnen.

Alte Leitungen

Der Zahn der Zeit nagt insbesondere an den Ver- und Entsorgungsleitungen unserer Häuser. Neben der Korrosion wird die Verkalkung der Wasserleitungen und Abflußrohre durch das oft sehr harte Wasser zunehmend zum Problem.

Die sich über Jahre aufbauenden Verkrustungen verringern den Leitungsquerschnitt immer mehr. Bei Wasserleitungen führt dies zur Verringerung der Durchflußmenge und zu einem beträchtlichen Druckabfall. Als Folge der Leitungsverengung kann es zum Beispiel zu Problemen mit Durchlauferhitzern kommen, die infolge des geringen Wasserdrucks nicht anspringen. Wenn aus dem Wasserhahn nur ein müdes Rinnsal plätschert, sollte vor einer umfassenden Küchenrenovierung mit

Vorsatzschale aus Gipskartonplatten

einem Fachmann geklärt werden, ob die Wasserleitung zuvor nicht von Grund auf erneuert werden muß, um zu verhindern, daß es zu Funktionsproblemen mit Durchlauferhitzer oder Spülmaschine kommt und die frisch renovierten Küchenwände zur Leitungserneuerung nochmals aufgeschlagen werden müssen.

In einem solchen Fall wird der Fachmann meist dazu raten, anstelle der korrosionsanfälligen verzinkten Eisenrohre, die auch noch andere Tücken zeigen können, widerstandsfähigere Kupferleitungen zu verlegen. Die neuen Rohre können Sie übrigens auch kostengünstig und ohne aufwendige oder schmutzträchtige Stemmarbeiten auf der Wand verlegen. Sie verschwinden dann entweder hinter einer Vorsatzschale aus Gipskartonplatten oder werden in einer hohlen Kunststoff-Fußleiste verborgen, die auch Freiraum für Heizungsrohre und Stromkabel bietet.

Schwierigkeiten mit Leitungen

Ein 5-Liter-Kochendwassergerät über der Spüle liefert schnell kochendes Wasser

Wer an alten Leitungssystemen arbeitet, muß gewärtig sein, daß der Eingriff in die alte Substanz mit Komplikationen verbunden sein kann. So können beim Lösen und Wiederverschrauben von Rohrverbindungen Drehkräfte auftreten, die zu Undichtigkeit oder gar Rohrbrüchen im alten Leitungsnetz führen können.

Um solchen Problemen vorzubeugen, muß die Altleitung hinter einer zu lösenden Verschraubung mit einer Rohrzange gegen die Übertragung von Drehkräften gesichert werden.

Das Problem der Verkalkung beschränkt sich allerdings nicht nur auf die Warm- und Kaltwasserleitungen des Hauses. Auch die Abflußrohre setzen sich im Laufe der Zeit durch die Bildung von Kalksalzen und -seifen immer mehr zu.

So kommt es in älteren Häusern häufig zu immer wiederkehrenden Verstopfungen der Fallrohre. Anders als bei den Versorgungsleitungen besteht bei Abflußrohren die Möglichkeit, die mit den Jahren entstandenen Verengungen weitgehend wieder abzubauen.

In diesem Fall fräst der Fachmann den Rohrstrang mit einem an einer langen biegsamen Welle geführten Fräskopf auf. Dies geschieht in der Regel durch die Entlüftungsleitung des Abflußstrangs, die unter dem Dach endet, oder aber auch von einem WC-Abfluß innerhalb des Hauses aus.

Um Rohrschäden vorzubeugen, wird die Abflußleitung in der Regel aber nicht bis zum ursprünglichen lichten Durchmesser aufgefräst. Trotzdem lassen sich Rohrschäden bei dieser Methode nicht mit voller Sicherheit ausschließen.

Wenn es im Haus schon mehrfach zu Verstopfungen gekommen ist, sollte vor einer anstehenden Küchenrenovierung geklärt werden, ob die Fallrohre nicht ausgetauscht werden sollten, ehe

Schwierigkeiten mit Leitungen

es zum vollkommenen Zusammenbruch des Abflußsystems kommt.

Zu geringe Leitungsquerschnitte

Die moderne Haustechnik hat die Küche zum Großverbraucher von elektrischer Energie gemacht. Galt es einst, lediglich Herd, Kühlschrank, Mixer und Kaffeemaschine mit Strom zu versorgen, so gibt es heute eine ganze Palette mittlerweile allgemein üblicher elektrischer Küchengeräte.

All diese Verbraucher benötigen nicht nur eine ganze Reihe von Steckdosen, sondern auch eine Menge Energie. Hierzu reichen die vorhandenen Steig- und Verteilerleitungen vor allem alter Häuser, aber auch manchen Neubaus nicht aus.

In neueren Häusern ist es dank Leerrohrtechnik verhältnismäßig einfach, eine entsprechend starke Versorgungsleitung aus dem Keller hochzuziehen.

Wer zukünftig elektrisch kochen oder einen Durchlauferhitzer zur Warmwasserbereitung betreiben möchte, muß für eine Zuleitung für Dreiphasen-Wechselstrom sorgen. Die übrigen üblichen Verbraucher kommen mit 220 Volt Wechselstrom aus. Doch ist auch hier auf einen ausreichenden Leitungsquerschnitt zu achten, um es bei gleichzeitigem Betrieb mehrerer Geräte wie Spülmaschine, Kochendwassergerät und Mikrowelle nicht gleich zur Leitungsüberlastung kommen zu lassen. Möglicherweise wird ja auch in anderen Räumen der Wohnung elektrische Energie verbraucht, was insgesamt durch die Steigleitung bewältigt werden muß.

Zahl und Lage der Steckdosen sollten ebenfalls wohlüberlegt geplant werden. Dabei ist vor allem rund um den Herd und die Hauptarbeitsflächen für entsprechend viele Anschlußmöglichkeiten zu sorgen.

Wer in der Küche zusätzliche Versorgungsleitungen ziehen und eine Reihe von Steckdosen installieren will, muß keineswegs sämtliche Wände aufmeißeln. Bei einer Einbauküche

Warmwassererzeugung mit Gas

Warmwasser-Kleinspeicher

Warmes Wasser in der Küche

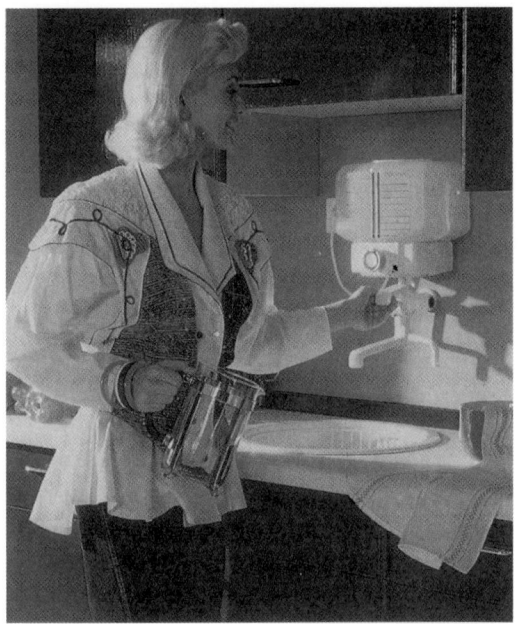

Anschluß an die Steckdose: Kochendwassergerät

Kompakter elektronischer Durchlauferhitzer

lassen sich die Zuleitungen auch im Sockelbereich auf der Wand verlegen und hinter den Möbeln hochführen oder die Leitungen in hohlen Fußleistenprofilen aus Kunststoff oder Spanholz verlegen.

Die entsprechenden Steckdosen kann man direkt in die Arbeitsplatte einlassen. Eleganter ist die Verwendung eines Kabelkanals, wie er bei Büromöbeln und auch in Labors üblich ist. Dieser besteht aus einem U-Profil aus Kunststoff, in das Steckdosen eingeklipst werden können. Diese Technik erlaubt bei ausreichender Länge der Zuführungskabel auch die nachträgliche Positionsänderung von Steckdosen wie auch die Erweiterung der Ausstattung und die Integration von Schaltern.

Praktisch sind auch in Möbelfächer fest eingebaute Steckdosen mit sich automatisch verkürzenden Spiralleitungen für den Geräteanschluß. So können häufig benötigte Elektrogeräte betriebsbereit angeschlossen verstaut werden und sind auf Knopfdruck einsatzbereit.

Warmwasserversorgung zentral oder vor Ort?
Zu jeder Tages- und Nachtzeit fließend warmes oder gar heißes Wasser gehört heute zum üblichen Wohnkomfort im Ein- wie auch im Mehrfamilienhaus. Diese Warmwasserversorgung erfolgt heute häufig schon zentral. Das setzt allerdings voraus, daß die Zentralheizung auch im Sommer betrieben werden muß, um ständig einen entsprechenden Warmwasservorrat bereitzuhalten.

Während sich im Mehrfamilienhaus nur selten eine Alternative zur zentralen Warmwasserversorgung bietet, kann es im Einfamilienhaus durchaus sinnvoll sein, bei der Warmwasserbereitung einem dezentralen System den Vorzug zu geben.
Wird tatsächlich nur während weniger Stunden des Tages warmes Wasser benötigt, bietet sich die individuelle Warmwassererzeugung vor Ort mittels eines elektrisch oder mit Gas betriebenen Durchlauferhitzers an. Bei größerem Bedarf eignet sich

Warmes Wasser in der Küche

auch ein in einem Schrank oder einer Nische versteckter Warmwasserspeicher.

Da Bad und Küche aus installationstechnischen Gründen meist benachbart sind, kann die Warmwasserversorgung der Küche auch vom Bad her erfolgen. Auch der umgekehrte Fall ist möglich und erlaubt im Rahmen der Verjüngung der Küche zugleich eine Modernisierung der Warmwasserversorgung im Bad und im Gäste-WC.

Während elektrisch betriebene Warmwassergeräte lediglich einer entsprechend dimensionierten Stromversorgung (meist 380V-Dreiphasen-Wechselstrom) bedürfen, wofür unter Umständen eine entsprechende Versorgungsleitung verlegt werden muß, benötigen Gasgeräte neben der Energiezuführung per Rohrleitung auch einer Versorgung mit Verbrennungsluft. Sie wird zum Beispiel je nach Montageort des Geräts durch Lüftungsschlitze in der Küchen- oder Badezimmertür oder auch durch eine direkte Luftversorgung von außen sichergestellt.

Die bei der Verbrennung von Gas entstehenden Abgase müssen ebenfalls zuverlässig abgeleitet werden. Dies kann über einen freien Kaminzug (Schornsteinfeger befragen!) oder auch über eine durch die Montagewand direkt ins Freie führende Öffnung erfolgen. Manche Geräte sind auch so konstruiert, daß sie, direkt an einer Außenwand installiert, die benötigte Verbrennungsluft ansaugen und auf dem gleichen Weg die Abgase ins Freie entlassen.

Wenn es um warmes Wasser geht, werden Komfort wie auch Energiesparen großgeschrieben. Hier leistet die moderne Mikroprozessor-Technik einen interessanten Beitrag mit einem elektronischen Durchlauferhitzer, der eine gradgenaue Vorwahl der gewünschten Wassertemperatur im Bereich von 30 bis 5 Grad ermöglicht und dabei zugleich den Energieeinsatz dem tatsächlichen Bedarf anpaßt. So wird eine Energieeinsparung in der Größenordnung von 20 Prozent möglich. Weil jegliches Einregulieren der passenden Wassertemperatur überflüssig wird, spart ein solches Gerät auch das immer knapper und teurer werdende Trinkwasser. Das System funktioniert sowohl bei Druckschwankungen als auch dann zuverlässig, wenn gleichzeitig an einer zweiten oder dritten Zapfstelle warmes Wasser entnommen wird.

Auch bei modernen Gasgeräten gibt es mittlerweile eine Regelung der Auslauftemperatur mittels Mikroprozessor. Diese Technik hält die Temperatur konstant und paßt ebenfalls die Heizleistung dem jeweiligen Energiebedarf an.

Für den größeren Wasserbedarf, wie er sich in einem Haushalt mit kleinen Kindern oder bei einer vielköpfigen Familie einstellen kann, gibt es eine Kombination von Durchlauferhitzer und Warmwasserspeicher, den sogenannten Durchlaufspeicher. Er arbeitet im Normalfall als Warmwasserspeicher und schaltet bei größerem Warmwasserbedarf auf den Betrieb als Durchlauferhitzer um. Ein solches Gerät paßt sich somit flexibel der jeweiligen Bedarfsituation an und verbindet den Komfort praktisch unbegrenzter Warmwassermengen mit einer guten Wirtschaftlichkeit. Diese Lösung bietet sich zum Beispiel für die Warmwasserversorgung im Mehrpersonenhaushalt an und kann den Bedarf von Bad und Küche problemlos decken.

In der Küche ergibt sich immer wieder der Bedarf von kochendheißem Wasser. Diese Aufgabe löst ein Kochendwassergerät souverän. Es erlaubt, jede benötigte Menge kochenden Wassers zwischen einer Tasse und fünf Litern schnell und kostengünstig zu erzeugen, und läßt sich schnell und problemlos über jedem vorhandenen Wasseranschluß installieren.

Moderne Geräte sind bereits mit einem akustischen Signal ausgestattet, das den Kochpunkt anzeigt. Ein solches Gerät ist eine praxisgerechte Ergänzung zu einer Warmwasserversorgung mittels Durchlauferhitzer, Durchlaufspeicher oder auch zur

Fachkunde

Rohrfraß

zentralen Warmwasserversorgung. Die Möglichkeiten der Warmwasserbereitung sind, wie die Beispiele demonstrieren, so vielgestaltig, daß bei der Frage nach dem im individuellen Fall günstigsten System ein Fachmann hinzugezogen werden sollte. Als kompetente Berater bieten sich Installateur, Elektriker, der Fachhandel oder auch das örtliche Energieversorgungsunternehmen an. Letzteres ist vor allem zuständig für Fragen zum Energietarif wie auch für die Klärung, ob vielleicht zur Grundversorgung mit Warmwasser kostengünstiger Nachtstrom in Verbindung mit einem Speichergerät genutzt werden kann.

Vorsicht: Elektrochemische Korrosion

Eine umfassende Küchenmodernisierung erfordert häufig auch die Neuverlegung von Wasserleitungen. Dies trifft zum Beispiel zu, wenn die Anordnung von Spüle und Spülmaschine geändert werden soll.

Dabei kann das Problem der elektrochemischen Korrosion auftreten, dessen Auswirkungen erst später erkennbar sind. Es entsteht, wenn in einem Haus Rohrleitungen aus verzinktem Eisenrohr mit Rohren aus Kupfer verbunden werden.

Ursache dieses fatalen Sachverhalts ist die unterschiedliche Neigung von Metallen, in Lösung zu gehen.

Der Chemiker unterscheidet zwei Zustandsformen der Stoffe, den des elektrisch neutralen, ungeladenen Atoms und den des geladenen Ions. Nun besitzen gewisse Metalle die Fähigkeit, den Ionen eines anderen Metalls die Ladung zu entreißen. So verwandeln sie geladene Ionen in ungeladene Atome, während sie selbst zu elektrisch geladenen Ionen werden. Dieser Ladungsaustausch wäre nicht dramatisch, würden sich Ionen nicht in Wasser lösen.

Für die Praxis bedeutet dies, daß bei einer Wasserleitung aus unterschiedlichen Metallen das zum Ion gewordene Metallatom in Lösung geht und mit dem beim Wasserzapfen ausfließenden Wasser auf Nimmerwiedersehen verschwindet. So löst sich der ionenbildende Teil der Wasserleitung buchstäblich auf, und es kommt früher oder später zu einem Leitungsschaden.

Die Neigung, als Ion in Lösung zu gehen, ist bei Metallen unterschiedlich groß. Der Chemiker ordnet deshalb die Metalle und den wie diese reagierenden Wasserstoff nach einer sogenannten Löslichkeitsreihe an:

Kalium, Natrium, Kalzium, Magnesium, Aluminium, Zink, Eisen, Nickel, Zinn, Blei, Wasserstoff, Kupfer, Quecksilber, Silber, Platin und Gold. Dabei haben die am Ende der Reihe stehenden Metalle die Neigung, die weiter vorn stehenden Metalle zu ionisieren und aufzulösen. Dies erklärt, warum eine neue Leitung aus Kupferrohr die alte aus verzinktem Eisenrohr zerstört.

Dabei wird zuerst das in der Löslichkeitsreihe am weitesten vorn stehende Zink, die Schutzschicht der verzinkten Eisenrohre, abgebaut. Dann folgt die Auflösung des Eisens selbst.

Dieser Vorgang beschränkt sich nicht allein auf die unmittelbare Kontaktstelle der unterschiedlichen Metalle, sondern kann auch größere Bereiche erfassen, wobei das Wasser als Transportmedium dient. Dies wird unter anderem dadurch gefördert, daß in unserem Trinkwasser eine Reihe von Salzen gelöst ist, die das Wasser zu einem recht gut leitenden Elektrolyt machen.

Um die Risiken einer elektrochemischen Korrosion zu meiden, sollte man auf keinen Fall alte Leitungen aus verzinktem Eisenrohr mit Kupferrohr fortführen. Als Ausweg bietet sich der Einsatz korrosionsbeständiger Kunststoffrohre an. Wird die Neuinstallation hinter einer Vorsatzschale versteckt, können sie auch flexible Kunststoffleitungen problemlos einsetzen.

Wasserenthärtung durch Ionenaustauscher

Hartes Wasser ist in vielen Gegenden ein Ärgernis, denn es setzt nicht nur Rohren zu, sondern verkürzt auch die Lebensdauer von Warmwasser-

Enthärtung

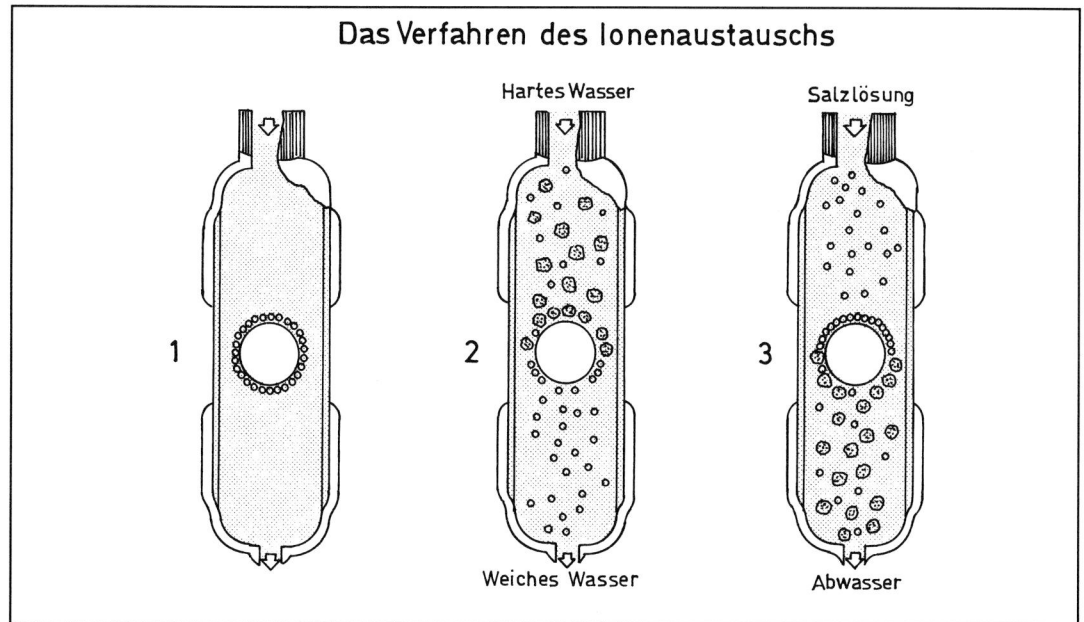

Das Verfahren des Ionenaustauschs

geräten. Es produziert zudem häßliche Kalkflecken auf Fliesen und dunkelfarbigen Spülen.

Die Härte des Wassers ist eine Folge der im Wasser gelösten Mineralien, die je nach ihrer chemischen Natur leichter oder schwerer löslich sind. Die schwerer löslichen Salze neigen zum Ausfallen und bilden die bekannten Beläge und Verkrustungen. Hauptübeltäter sind die Kalziumsalze. Darunter in erster Linie das Kalziumhydrogenkarbonat, das beim Erhitzen des Wassers ausfällt und den bekannten Kesselstein (Kalziumkarbonat) bildet, sowie Kalziumsulfat. Daneben tragen auch Magnesiumsalze zur Härte des Wassers bei.

Die Chemie bietet allerdings die Möglichkeit, die zum Ablagern neigenden Salze von den gefährdeten Leitungen fernzuhalten. Dies geschieht durch den Einsatz sogenannter Ionenaustauscher. Sie tauschen das unerwünschte, da Härte bildende Kalzium und Magnesium aus den im Wasser gelösten Salzen gegen Natrium aus. Aus den Kalzium- und Magnesiumsalzen entstehen so leicht lösliche und somit nicht zum Ausfallen neigende Natriumsalze.

Zentrale Ionenaustauscher sollten allerdings nur bei extremer Wasserhärte ab Härtegrad IV, d.h. über 21 Grad »Deutsche Härte« eingesetzt werden, denn auch die Wasserenthärtung ist nicht ganz ohne Probleme. Mediziner warnen vor dem erhöhten Natriumanteil im Trinkwasser, da wir ohnehin zuviel Natriumchlorid - sprich Kochsalz - zu uns nehmen und Natriumsalze im Übermaß Bluthochdruck auslösen können.

Da wir allerdings nur noch wenig Leitungswasser trinken und kochsalzarmes Kochen sich mehr und mehr durchsetzt, dürfte dieser Tatbestand weniger gravierend sein. Man sollte sich indessen vor Augen halten, daß Ionenaustauscher unvermeidlich eine weitere Belastung unseres Wassers durch

Vorsatzschale

Salze bedeuten und deshalb nur bei extrem hartem Wasser eingesetzt werden sollten.

Wer sich wegen extrem harten Wassers für den Einbau eines Ionenaustauschers entscheidet, sollte auf das Prüfzeichen des Deutschen Vereins des Gas- und Wasserfaches (DVGW) achten. Nur Geräte, die dieses Prüfzeichen tragen, erfüllen die technischen, ökologischen und hygienischen Voraussetzungen.

Neben Ionenaustauschern kommen auch Geräte zum Einsatz, die über eine Dosierpumpe dem Wasser Chemikalien zusetzen, um das Ausfallen schwer oder gar unlöslicher Salze zu begrenzen. Hierbei kommt zum Beispiel Natronlauge zum Einsatz, die ebenfalls eine Austauschreaktion mit den Kalziumionen aus dem Wasser bewirkt. In der Wirksamkeit steht diese auch als Impfung bezeichnete Form der Wasserenthärtung dem Ionenaustauscher nach und vermag aufgrund der einmal festgelegten Dosierung nicht auf Härteschwankungen zu reagieren.

Wenn es um Fragen der Wasserhärte und Wasseraufbereitung geht, sind Installationsfirmen wie auch das örtliche Wasserwerk Ansprechpartner, die auch mit konkreten Härteangaben und kompetenten Entscheidungshilfen aufwarten können.

Die Sache mit der Mauerwerksnorm

In alten Häusern liegen zum Teil noch Wasser-, Abfluß- und Stromleitungen auf den Wänden; sie stören so das Raumbild erheblich. Eine anstehende Renovierung wird dann meist zum Anlaß genommen, diese Leitungen endlich verschwinden zu lassen.

In alten Häusern erweist sich dies meist auch nicht als Problem, denn früher waren dicke massive Mauern an der Tagesordnung. Statik und Schallschutz waren dank großzügiger Mauerdimensionierung kaum ein Problem. Deshalb ist es heute in der Regel auch möglich, in einem solchen Fall neue Leitungen unter Putz zu legen. Dabei sollte man allerdings auf einen wirkungsvollen Schallschutz achten.

Anders ist die Situation bei neueren Bauwerken. Sie sind aus Kostengründen meist mit exakt bedarfsgerecht dimensionierten Wänden errichtet worden. Aufsteigende Rohrleitungen und Fallrohre liegen deshalb oft in speziellen Schächten. Wer in einem solchen Bau im Rahmen einer Modernisierungsmaßnahme Leitungen neu verlegt, sollte wissen, daß dies nicht ohne weiteres möglich ist.

Im Hinblick auf die erhöhten Anforderungen an den Schallschutz wie auch aus statischen Gründen wird die Mauerwerksnorm heute sehr viel strenger als einst ausgelegt, so daß das früher übliche Wändeschlitzen weitgehend entfallen muß.

Damit gewinnt die früher übliche Technik der Rohrverlegung auf der Wand wieder an Bedeutung. Allerdings bleiben die Leitungen nicht wie früher üblich sichtbar, sondern sie werden hinter einer sogenannten Vorsatzschale aus feuchtigkeitsbeständigen Gipskartonplatten versteckt. Die Vorsatzschale kostet nur wenig Raum, da sie bei Kücheninstallationen nur maximal 12 bis 15 cm vorspringt. Sie wird üblicherweise nur bis zur Arbeitsplattenhöhe geführt und kann von dieser überdeckt werden. Es bietet sich aber auch an, den Installationssockel etwas höher zu ziehen und so eine zusätzliche Ablage zu gewinnen.

Die Unterkonstruktion der Vorsatzschale kann aus kesseldruckimprägnierten Dachlatten oder auch aus Metallprofilen bestehen und wird in der Regel zweilagig mit imprägnierten Gipskartonplatten beplankt. So entsteht eine unmittelbar tapezierfähige oder fliesbare Fläche.

Unter Umständen kann auch auf die Vorsatzschale ganz verzichtet werden, wenn an der Installationswand durchgehend eine Schrankzeile vorgesehen wird. Diese wird dann lediglich um den für die Installation benötigten Raum vorgezogen und mit einer entsprechend tiefen Arbeitsplatte versehen. Mann kann den Abstand

Vorsatzschale

zur Möbelzeile aber auch mit einem auf Konsolen aufliegenden Schalter- und Steckerkanal überbrücken.

Wandprobleme

Küchenwände können dem Renovierer mancherlei Probleme bereiten. Insbesondere in alten Häusern trifft man manchmal auf unebene Wände, und auch auf Putz verlegte Elektroleitungen sind hier nicht gerade selten.

Geringe Unebenheiten lassen sich mit Wandglätter beiputzen, der in jedem Baumarkt erhältlich ist. Dazu verwendet man am besten eine großflächige Edelstahl-Glättkelle, mit der die Spachtelmasse von unten nach oben auf die zuvor angerauhte und eventuell auch tiefgrundierte Wand aufgezogen wird. Lokale größere Vertiefungen werden zweckmäßigerweise in zwei Spachtelgängen aufgebaut. Um große Flächen planeben abzuziehen, benutzen Sie am besten eine lange Kartätsche aus Holz oder Aluminium, die unter Rakelbewegungen an der frisch gespachtelten Wand hochgezogen wird.

Risse auskratzen und beispachteln

Bei großflächigen Unebenheiten stellt sich die Frage, ob es nicht einfacher und vor allem für den Heimwerker erfolgssicherer ist, die buckligen Wände vollflächig mit feuchtigkeitsbeständigen Gipskarton- oder Gipsfaserplatten zu bekleiden. Diese können mit Klebemörtel direkt auf tragfähigen Putz gesetzt werden, wobei der Klebemörtel gleichzeitig die Unebenheiten überbrückt und ausgleicht.

Patentrezept: Trockenputz mit Dämmung

Sie können die Platten aber auch mit Schrauben und Dübeln an der Altbauwand befestigen, was sich zum Beispiel als vorteilhaft erweist, wenn die Tragfähigkeit des Putzes fragwürdig ist.

In diesem Falle ist es aber auf jeden Fall notwendig, daß ausreichend lange Dübel verwendet werden, um eine sichere Verankerung der Platten im Mauerwerk sicherzustellen.

Liegen stärker auftragende Leitungen auf der Wand, so können diese hinter einer vorgesetzten Gipskartonwand verborgen werden. Dabei werden die Gipskartonplatten auf einer durch Hinterkeilen

Altbaulösung: Vorsatzschale

Vorsatzschale

Spezialdübel für Gasbeton

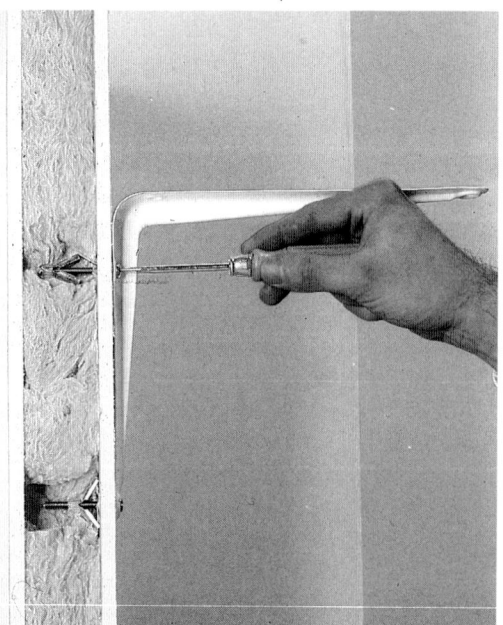

Hohlraumdübel für Gipskartonplatten

ausgefluchteten, direkt auf die Wand gedübelten Unterlattung verschraubt oder als freistehende Wandschale mit einer entsprechenden Tragkonstruktion vor der Altbauwand errichtet.

Mürber Putz

Diese Situation findet sich in vielen Altbauten, vor allem in Häusern, die unmittelbar in der Nachkriegszeit entstanden sind oder in dieser Zeit umgebaut wurden.

In leichteren Fällen kann eine Behandlung mit Tiefgrund den Mangel beseitigen und einen sicheren Haftgrund für Tapeten, Anstrich oder Fliesenkleben schaffen.

Oft ist aber eine umfassendere Sanierung notwendig, weil der Putz zuviel Sand und zuwenig Bindemittel enthält.

Solche mageren Putze neigen dann nicht nur beim Darüberreiben zum Sanden, sondern halten praktisch keiner mechanischen Beanspruchung stand. Beim Anbohren entstehen schnell großflächige, trichterförmige Krater. Wenn man sich gar mit Stemmarbeiten an der Wand versucht, kann es leicht geschehen, daß sich gleich größere Putzplacken von der Wand lösen.

Hier hilft in aller Regel nur eine Radikalkur. Der lose Putz muß abgeschlagen und anschließend die Wand wieder beigeputzt werden.

Mangelnde Tragkraft der Wände

Diese Eigenschaft tritt meist bei relativ dünnen Trennwänden auf. Häufig bestehen diese aus großformatigen Leichtbauplatten oder leichtbausteinen, Gasbeton, Bims oder Gipsplatten, also Materialien mit begrenzter Druckfestigkeit. So können sie Dübeln keinen so festen Halt bieten wie Vollziegelmauerwerk oder gar Beton.

Die moderne Befestigungstechnik gibt dem Heimwerker jedoch ein breites Sortiment an Spezialdübeln an die Hand, mit denen sich in aller Regel auch solche Probleme befriedigend lösen lassen (vgl. Grundkurs »Richtig bohren und dübeln, S. 73).

Umgestaltung der Küche und Lösungen

Heute wird die Küche sehr stark unter funktionellen Aspekten gesehen. Lange Wege sowie unnötiges Bücken und Recken sollten dabei vermieden werden. Die Küche ist nun einmal in erster Linie ein Arbeitsplatz. Deshalb sollte sie auch entsprechend zweckmäßig und ergonomisch, d.h. an den Erfordernissen des menschlichen Körpers und der zu vollziehenden Arbeitsabläufe orientiert, geplant und eingerichtet werden.

Um diesen Forderungen bei der Küchenrenovierung und Modernisierung in vollem Umfange gerecht zu werden, ist eine grundlegende Änderung der Geräteanordnung häufig unerläßlich. Da Herd, Spüle und Spülmaschine ein entsprechendes Leitungssystem voraussetzen, erscheint dies zunächst als kaum durchführbar.

Tatsächlich stößt jedoch eine grundlegende Umgestaltung selten auf unlösbare oder gar besonders aufwendige Neuinstallationen. Dies gilt sowohl für die Änderung der Position von Spüle, Spülmaschine und Herd an einer Wand als auch für die Umverlegung an eine ganz andere Wand im Raum. Ebenso läßt sich auch nach Profiküchen-Manier ein Arbeitsblock mit Herd und Spüle mitten in der Küche errichten.

Wenn es lediglich um die Verlegung der Ver- und Entsorgungsleitungen an ein und derselben Wand oder auch zu einer anschließenden Längs- oder Querwand geht, kann man sich bequem der bereits erwähnten Vorwandinstallation bedienen. Die auf den vorhandenen Wänden verlegten Leitungen werden in diesem Fall hinter einer Gipskartonschale bzw. bei entsprechend tiefer bemessener Arbeitsplatte auch hinter der Möbelzeile versteckt.

Zur Installation von Gas-, Wasser- und Stromanschlüssen ist, wie schon gesagt, auf jeden Fall ein Fachmann zu bemühen.

Wenn Herd und Spüle in die Mitte sollen

Etwas aufwendiger ist die grundlegende Neugestaltung der Küche, wenn Herd und Spüle in der Raummitte angeordnet werden sollen.

Um die Versorgungsleitungen möglichst unsichtbar heranzuführen und zugleich auch das nötige Gefälle für die Abflußleitungen sicherzustellen, muß man sich etwas einfallen lassen.

Wer in einem unterkellerten Haus im Erdgeschoß wohnt, kann natürlich die Leitungen unter der Kellerdecke zu- und abführen. Doch was ist zu tun, wenn die Küche nicht unterkellert ist oder man in einem Obergeschoß wohnt?

In solchen Fällen muß ein entsprechender Installationsraum geschaffen werden. Dies ist in einem eigenbewohnten Altbau zum Beispiel möglich. Hier können Sie in der unter der Küche liegenden Wohnung die entsprechenden Leitungen unter die Decke verlegen und - ausreichende Raumhöhe vorausgesetzt - diese hinter einer abgehängten Decke verstecken. In diesem Fall müssen Sie auf guten Schallschutz und ausreichende Dämmung von Kaltwasserleitungen achten, um Geräuschbelästigung und Kondensatbildung auszuschließen.

Die einfachere Lösung ist dagegen ein Podest, das sich leicht aus Spanplatten bauen läßt und unter dem angehobenen Fußbodenniveau ausreichenden Installationsraum für Energie- und Wasserversorgung bietet und dabei für ausreichendes Gefälle der Abflußleitung sorgt.

Wie hoch das Podest sein muß, entscheidet die Entfernung des geplanten Küchenblocks von der bisherigen Installationswand. Normalerweise reichen etwa 20 cm, so daß nur eine einzige Stufe nötig ist. Bei größerer Podesthöhe wird man den

Fliesen

Eine Stufe ist meist unvermeidlich, wenn Herd und Spüle in die Küchenmitte sollen

Übergang zum Normalniveau des Fußbodens mit zwei Stufen einplanen müssen.

Damit die Stufen nicht zur Stolperschwelle werden, müssen sie markant hervorgehoben werden. Am besten wird das Podest zum tieferliegenden Teil der Küche durch eine Art Buffet oder Theke abgetrennt. Dadurch wird die Position der Stufen deutlich markiert. Man kann auch durch optische Mittel die Aufmerksamkeit auf die Stufen lenken - zum Beispiel durch eine farbige Gestaltung von Setz- und Trittstufen oder durch den Einbau einer hinter Mattglas installierten Leuchtröhre in den senkrechten Flächen (Setzstufen) der Podeststufen. Über den technischen Aufbau und die Ausführung eines solchen Podests informiert der Grundkurs auf Seite.

Alte auf neue Fliesen

Hygiene, Pflegeleichtigkeit und Langlebigkeit machen keramische Fliesen zur idealen Wandbekleidung in der Küche. Das Angebot umfaßt heute auch sehr wohnliche, dekorative Serien, die durch Bilder, Bordüren und keramische Leisten viele Gestaltungsmöglichkeiten bieten und so den Renovierer verlocken, auch das Fliesenkleid der Küche zu modernisieren, das häufig weiß, marmoriert ist oder nicht dem eigenen Geschmack entspricht.

Wer sich neue Fliesen für die Küche wünscht, braucht Schmutz, Lärm sowie Aufwand an Kraft und Zeit kaum zu fürchten, denn wenn die alten Fliesen fest sitzen und fachgerecht planflächig verlegt wurden, müssen sie keineswegs abgeschlagen werden. Moderne Dünnbettkleber erlauben es, die neuen Fliesen direkt auf die Altfliesen zu kleben. Dabei sorgen spezielle dünne Renovationsfliesen wie auch Klein- und Mittelmosaike geringer Stärke dafür, daß das neue Fliesenkleid nicht allzu stark aufträgt. So werden Probleme mit vorhandenen Anschlüssen und Einbaumaßen minimiert wie auch Stolperschwellen vermieden.

Fliesen auf Fliesen kleben

Was tun, wenn höher gefliest werden soll?

In früheren Zeiten beschränkte man den Einsatz keramischer Fliesen aus Kostengründen häufig auf das absolute Minimum. So wurden zum Beispiel oft nur der eigentliche Naßbereich rund um die Spüle und die durch Spritzer gefährdeten Flächen in Herdnähe gefliest. Auch die Höhe der Fliesenflächen wurde meist nieder gehalten.

Heute denkt man in dieser Hinsicht anders. Einmal ist die keramische Fliese zum Gestaltungselement geworden; zum zweiten haben kluge Küchenplaner bei ihrer Kostenrechnung auch die zu erwartenden Unterhaltungskosten im Sinn. Da eine gefliest Fläche keinerlei Renovierungsaufwand erfordert, kann es sich durchaus lohnen, seine Küche nicht nur halbhoch, sondern das Umfeld der Einrichtung vollflächig zu fliesen. Wer seine Küche höher fliesen will als bisher, muß sich Gedanken machen, wie er mit dem Wandabsatz zwischen Fliesenfläche und darüberliegendem Putz verfahren will.

Problemlösung: dünne Renovationsfliesen

Neben der Radikalkur, bei der die gesamten Altfliesen mit beträchtlichem Aufwand und entsprechendem Schmutz und Lärm abgeschlagen werden, bieten sich durchaus vernünftige, heimwerkergerechte Alternativen an.

Mittelmosaik vermeidet Schwellenprobleme

Fliesen

Wenn höher gefliest wird: Beiputzen

Idealer Fliesengrund: Vorsatzschale

So kann man den Versprung zwischen Fliesenfläche und Putz zum Beispiel durch Beiputzen beseitigen. Hierzu muß in der Regel Streckmetall auf die vorhandene, aufgerauhte Putzfläche genagelt werden, um dem Neuputz Halt zu bieten.

Einfacher ist es häufig, eine entsprechend dünne Gipskartonplatte auf den Putz zu dübeln, um so eine einheitliche Fläche zu erzielen. Wichtig ist, daß hierbei ausreichend lange Dübel verwendet werden, die eine sichere Verankerung im Mauerwerk garantieren. Eine bloße Verankerung im Putz reicht auf keinen Fall aus.

Wenn der Fliesenüberstand geringer sein sollte als die Dicke handelsüblicher Gipskartonplatten, kann man den Altputz über den Fliesen abschlagen und die Gipskartonplatten mit Mörtel ansetzen. Dabei dienen die Mörtelbatzen als Abstandhalter, so daß ohne großen Aufwand übergangslos eine plane Verlegefläche erzielt werden kann. Bei diesem Verfahren lassen sich auch recht gut neu verlegte Strom- oder dünne Wasserleitungen ohne großen Aufwand hinter den Gipskartonplatten verstecken.

Wenn es beim Einrichten um Millimeter geht oder Installationsprobleme die Kombination von Fliesen auf Fliesen oder Fliesen auf angeglichenen Putzflächen nicht zulassen, muß man wohl oder übel zu Hammer und Meißel greifen und die Altfliesen abschlagen.

Im Altbau wird man dabei in der Regel auf eine Dickbettverlegung stoßen. Dabei sind die Fliesen einzeln mit Mörtelbatzen verlegt. In einem solchen Fall sollte man die Fliesen möglichst so abschlagen, daß die Mörtelbatzen voll stehenbleiben. Dann braucht man nämlich anschließend nur die Vertiefungen zwischen den Mörtelbatzen mit Wandglätter beizuputzen und kann auf dem so erzielten Planum die neuen Fliesen im Dünnbettverfahren verkleben. Ein möglicher leichter Versprung zwischen so beigeputztem Dickbett und den Putzflächen darüber läßt sich in der Regel beiputzen. Dabei sollte man die Spachtelzone möglichst breit anlegen, damit sich ein sanfter, unauffälliger Übergang ergibt.

Die Küche braucht Luft und Licht

Eine Küche muß hell und gut belüftbar sein. Tageslicht ist immer noch die beste Arbeitsplatzbeleuchtung. Es reicht allerdings allein in den seltensten Fällen aus, zumal viele Küchen nach Norden orientiert sind. Das fehlende Sonnenlicht läßt sich zumindest stimmungsmäßig durch eine freundliche, warme Farbwahl ausgleichen. Für die nötige Helligkeit muß eine gut abgestimmte und gezielte Beleuchtung sorgen (vgl. auch S. 25).

Für ein gutes Wohnraumklima und vor allem für die Hygiene ist ein intensiver Luftaustausch notwendig. Gründliches Lüften vermeidet die Ausbreitung lästiger Kochdünste und Gerüche. Es ist auch notwendig, um den in der Küche beim Kochen und Spülen freigesetzten Wasserdampf abzuführen. Wird dies nicht beachtet, kann es leicht zu Schwitzwasserbildung kommen. Außerdem ist eine überfeuchtete Raumluft, zumal wenn sie warm ist, ein idealer Nährboden für Keime und Schädlinge aller Art.

Zum Luftwechsel reicht normalerweise ein kurzes Stoßlüften mit weit geöffnetem Fenster. Die wärmere Küchenluft entweicht dabei sehr schnell und wird durch kühlere und trockenere Außenluft ersetzt. Dabei halten sich die Energieverluste in Grenzen. Mehrmaliges kurzes Stoßlüften ist einer Dauerlüftung mit auf Kippe gestelltem Fenster vorzuziehen und erweist sich nicht nur hinsichtlich der Heizkosten als günstiger, sondern auch bei der Ableitung von Luftfeuchtigkeit als wesentlich wirksamer.

Abzugshaube

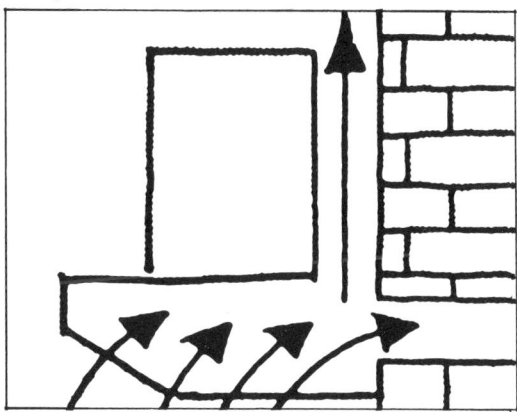
Abzugshaube mit Abluft-Prinzip

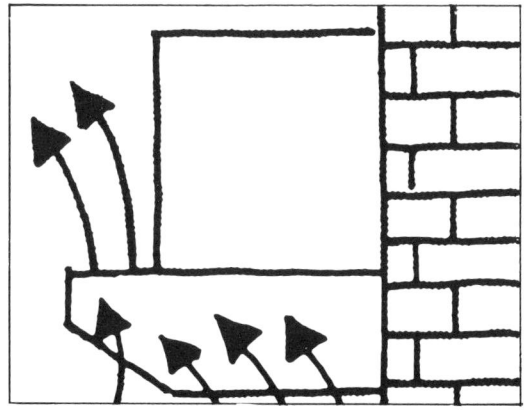
Abzugshaube mit Umluft-Prinzip

Küchenklima

Belüftung

Als besonders störend werden Kochdünste empfunden, denn sie verbreiten nicht nur bei »offenen Küchen« unliebsame Gerüche in der ganzen Wohnung. Kochdünste enthalten zudem häufig auch Fettbestandteile, die sich zusammen mit dem Wasserdampf auf kühleren Flächen wie Fliesen oder auch Möbeloberflächen niederschlagen. Die Folge ist ein klebriger Film, der jeden Schmutz festhält und den Reinigungsaufwand in der Küche erhöht.

Um dies zu unterbinden oder zumindest weitgehend einzuschränken, müssen die Kochdünste möglichst am Entstehungsort abgefangen werden. Dies gelingt recht gut mit einer leistungsfähigen Dunstabzugshaube, wobei zwei unterschiedliche Systeme zur Wahl stehen.

Das Umluft-Prinzip

Wenn es in erster Linie darum geht, Fettschwaden auszufiltern, weil Küchengerüche zum Beispiel bei einer gut belüftbaren Küche weniger problematisch sind, genügt eine nach dem Umluftprinzip arbeitende Dunstabzugshaube. Sie saugt über einen Ventilator die Kochdünste an und führt die angesaugte Luft durch einen Filter, der die Fettbestandteile abscheidet und festhält.

Solche Filter können aus Papier, Vlies oder auch aus Metall bestehen. Letztere sind nach Reinigung immer wieder verwendbar, die ersteren müssen ersetzt werden, was zu unseren wachsenden Abfallproblemen beiträgt.

Mit nachgeschalteten Aktivkohlefiltern lassen sich auch intensive Geruchsstoffe binden, die z.B. beim Kochen von Fisch oder Kohl entstehen.

Das Abluft-Prinzip

Für offene Küchen empfiehlt sich eine Dunstabzugshaube, die die Küchendünste nicht nur filtert und dann wieder in den Raum entläßt, sondern als Abluft nach Abscheiden der Fettpartikel ins Freie leitet. Dies geschieht über einen wenig Platz beanspruchenden Kanal aus runden oder auch rechteckigen Kunststoffrohren, die sich leicht in oder über einem Hängeschrank oder auch in einem flachen Regalbord mit Lichtleiste verbergen lassen.

Da zur Installation eines solchen Systems die Außenwand des Hauses durchbrochen werden muß, können sich Montage- und im Mietshaus Genehmigungsprobleme ergeben.

Zur Montage muß die Außenwand zugänglich sein, was im Parterre oder bei einem angrenzenden Balkon kein Problem ist.

In einer höher gelegenen Etagenwohnung gelingt dies nur, wenn eine entsprechend lange Leiter aufgestellt oder der Montageort über ein beim nächsten Hausanstrich ohnehin stehendes Gerüst erreicht werden kann. Die Montage im Zuge einer Fassadenrenovierung ist wegen der unvermeidbaren Beiputz-, Abdicht- und Anstricharbeiten eine praktische, kostensparende Lösung.

Dunstabzugshauben gibt es sowohl als Bestandteil von Küchenmöbelprogrammen als auch in Form separater Geräte mit eigenem Gehäuse, dessen Farbe den gängigen Herdfarben entspricht.

Man kann aber auch eine Einbauversion wählen, die dann in einen vorhandenen oder selbst erstellten Herdüberbau integriert werden kann. Ein solches Beispiel zeigt unsere Arbeitsanleitung auf Seite 115.

Ob eine Dunstabzugshaube lediglich ein Stück modernen Küchenkomforts darstellt oder ob sie unverzichtbar ist, hängt zum einen von der Größe der Küche, zum anderen von den Lüftungsbedingungen ab.

Während beim Luftvolumen großer Altbauküchen Gerüche und Kondensatbildungen relativ wenig ins Gewicht fallen, machen kleine Küchen eine wirkungsvolle Dunstabsaugung notwendig.

Unverzichtbar ist sie bei zum Wohnraum offenen Küchen, um eine störende Geruchsausbreitung zu vermeiden.

Richtige Beleuchtung in der Küche

Tageslicht reicht zur richtigen Beleuchtung einer modernen Küche ebensowenig aus wie eine einzige Deckenleuchte. Für möglichst ermüdungsfreies Arbeiten ist eine gleichmäßig helle, blendfrei ausgeleuchtete Küche unabdingbar.

Diese Forderung läßt sich unter Berücksichtigung des nicht minder wichtigen Aspekts der Energieeinsparung mit einzeln schaltbaren Leuchten erfüllen, die die Grundbeleuchtung der Küche ergänzen. Neben modernen Energiesparlampen und ebenfalls sparsamen Warmton-Leuchtröhren sind auch die mit Niederspannung betriebenen, lichtstarken Halogenstrahler küchengerechte Lichtquellen.

Die kleinen Strahler lassen sich in der Decke verteilt zur Grundbeleuchtung des Raums oder als Spots zur gezielten Arbeitsplatzbeleuchtung verwenden.

Wenn Leuchtvorrichtungen unter Hängeschränken, an hölzernen Blenden oder sonstigen hölzernen Bauteilen montiert werden sollen, muß diese besondere Montageart beim Kauf von Lampen berücksichtigt werden.

Leuchten, die Sie auf Holz oder Holzwerkstoffen montieren wollen, sollten zusätzlich zu dem aus Sicherheitsgründen unverzichtbarem VDE-Zeichen ein weiteres Sicherheitszeichen in Form eines »M« in einem auf der Spitze stehenden Dreiecks aufweisen.

Dieses Symbol zeigt an, daß die so gekennzeichnete Leuchte durch ihre Konstruktion eine Entflammung des Holzes ausschließt.

Vorschlag für eine richtige Küchenbeleuchtung

Beleuchtung

Zwei Vorschläge für Küchenbeleuchtung mit Lichtleisten und Strahlern

Beleuchtung

Auf das richtige Licht kommt es an

Für möglichst leichtes und wenig ermüdendes Arbeiten ist neben der richtigen Ausstattung vor allem auch eine gleichmäßig helle, blend- und schattenfreie Ausleuchtung der Küche Voraussetzung.

Der Grundbedarf an Licht läßt sich überschlägig leicht ermitteln. Als Richtwert gelten beim Einsatz normaler Glühlampen etwa 50 Watt pro Quadratmeter Grundfläche.

Beim Einsatz von Leuchtstofflampen sinkt dieser Wert dank der höheren Lichtausbeute auf ungefähr 20 Watt.

Auch die modernen Stromsparlampen haben entsprechend günstigere Werte, da sie die elektrische Energie besser umsetzen. Außerdem ist zu beachten, daß dunkle Küchenfronten mehr Licht schlucken und deshalb auch nach einer höher installierten Lichtleistung verlangen als helle Fronten sie notwendig machen.

Werden Leuchtstoffröhren verwendet, sollte man solche der Lichtfarbe »ww« (=warmweiß) wählen. Sie spenden ein angenehmes und für das Auge weniger anstrengendes Licht als die grellen Tageslichtröhren.

Eine funktionelle Küchenbeleuchtung besteht immer aus mehreren Lichtquellen, denn nur so ist eine gleichmäßige Beleuchtung möglich, bei der man sich nicht immer wieder selbst im Licht steht. Empfehlenswert sind vor allem unter den Oberschränken installierte, nach vorn abgeschirmte Linienleuchten. Hinzu kommt als Hauptlicht eine Deckenlampe. Die aktuelle Lichttechnik erlaubt aber auch andere, interessante Alternativen, wie z.B. in eine abgehängte Decke eingelassene Halogenstrahler oder Lichtschienen mit gelichteten Strahlern als blendfreie Grundbeleuchtung.

Satinierte Oberflächen bei Möbelfronten, Arbeitsplatten und Fliesen tragen zu einer funktionellen Beleuchtung bei, sie streuen auffallendes Licht weich und ohne zu blenden.

Lichtleiste

Deckenleuchte

Gasbeton

1

2

3

Materialien für Trennwände und Möbel

Bei der Modernisierung von Küchen geht es häufig darum, den gegebenen Grundriß besser auszunutzen, Trennwände zu bauen, um Nischen zu schaffen, einen Eßplatz durch eine halbhohe Abmauerung als gemütliches »Eckchen« zu gestalten oder kostengünstig eine vom Üblichen abweichende Küchen einzurichten.

Herkömmliche Mauersteine schrecken die meisten Heimwerker ab, da sich nur wenige zutrauen, aus Mauersteinen und Mörtel eine ansehnliche, standfeste Wand aufzumauern. Außerdem kann das Gewicht einer solchen Mauer statische Probleme aufwerfen.

Gasbeton-Plansteine

1. Da sie leicht in Gewicht und Handhabung sind, bieten sich als Baumaterial Gasbeton-Plansteine an. Sie werden in verschiedenen Formaten (z.B. 25 x 50 x 10 cm) angeboten, sind rundum planeben, kantengerade und winkelgerecht. Das von unzähligen feinen Gasbläschen durchsetzte Material läßt sich problemlos mit einer Handsäge oder auch mit einem elektrischen Fuchsschwanz maßgenau zuschneiden.

2. Die Verbindung der einzelnen Plansteine erfolgt durch Verkleben mit Spezial- oder Pulverkleber, wie er zum Fliesenverlegen verwendet wird.

3. Um die notwendige Standsicherheit zu erreichen, werden Plansteine auch in einem Mauerverband verarbeitet, so daß die senkrechten Mauerfugen jeweils versetzt angeordnet sind.

Wenn sich wie oft bei Umbaumaßnahmen die Gasbetonwand nicht in die vorhandenen Wände einbinden läßt, kann man zur Verbesserung der

Gipskarton

Standsicherheit ein Kantholz gegen die vorhandene Wand dübeln und die Gasbetonsteine an den Stirnseiten so ausarbeiten, daß sie dieses Kantholz umschließen.

4. Gasbeton-Plansteine lassen sich nach Auftrag von Tiefgrund direkt mit Fliesen bekleben oder mit Putz versehen. Will man sie streichen oder auch tapezieren, müssen Ausbruchstellen und sonstige Unebenheiten vor dem Tiefgrundieren glattgespachtelt und dann nach dem Trocknen geschliffen werden.

5. Da Gasbeton-Plansteine sich leicht bearbeiten lassen, eignen sie sich nicht nur für den Bau von Trennwänden, sondern auch für den von pfiffigen Möbeln. So lassen sie problemlos auch die Ausarbeitung gerundeter Formen zu, um zum Beispiel gemütliche Sitzbänke zu modellieren. Reizvoll sind auch ganze Kücheneinrichtungen aus Plansteinen im Stollen-Look (vgl. Arbeitsanleitung »Landhausküche mit gemauerten Möbeln« S. 87).

6. Trotz ihrer begrenzten Druckfestigkeit bieten Gasbeton-Plansteine bei Verwendung entsprechender Spezialdübel (vgl. S. 73) einen belastbaren Verankerungsgrund. Beim Bohren bleibt das Schlagwerk selbstverständlich abgeschaltet. Außerdem ist auf eine präzise Führung der Bohrmaschine zu achten, da schon leichte Pendelbewegungen bei der Maschinenführung das Bohrloch zu groß werden lassen. Um zu tiefes Bohren zu vermeiden, sollte man beim Gasbetonbohren stets einen Tiefenanschlag verwenden.

Gipskartonplatten

Der an den Umgang mit Holz und Holzwerkstoffen gewöhnte Heimwerker findet in Gipskartonplatten, die sich leicht und einfach mit den üblichen Holzbearbeitungswerkzeugen verarbeiten lassen, ein ihm schnell vertrautes Material für den Bau leichter Trennwände.

Gipskartonplatten gibt es in den verschiedensten

4

5

6

Gipskarton

7

8

9

Dicken, Formaten und Ausführungen. Gängige Dicken sind 9,5, 12 und neuerdings auch 20 mm. Praktisch für den Heimwerker sind vor allem, wie ihr Name sagt, die von einer Person leicht handzuhabenden Ein-Mann-Platten. Durch ihr gängiges Format von 260 x 60 cm bereiten sie auch beim Transport durch engere Altbautreppenhäuser kaum Probleme.

7. Die neuerdings erhältlichen 20 mm dicken Ausbauplatten bedürfen einer wesentlich weniger aufwendigen Unterkonstruktion. Deshalb erweisen sie sich als besonders günstige Lösung beim Trennwandbau. Bis zu einer Raumhöhe von 260 cm benötigen Sie für eine Trennwand aus diesen dicken Ausbauplatten nur einen einzigen waagrechten Querriegel.

Weitere Vorteile dieser Ausbauplatten sind die höhere Steifigkeit und Belastbarkeit bei der Montage von Wandlasten. Die größere Dicke kommt außerdem noch einem verbesserten Schallschutz zugute.

8. Eine weitere Spezialität im Bereich Gipskartonplatten sind sogenannte Verbundplatten. Diese bestehen aus einer Gipskartonplatte mit rückseitig aufkaschiertem Hartschaum. Sie sind ideal, wenn es zum Beispiel beim Dachausbau darum geht, eine kalte Giebelwand nicht nur rationell zu verkleiden, sondern gleichzeitig auch zu dämmen.

9. Ein-Mann-Verbundplatten werden üblicherweise mit Klebemörtel direkt auf das rohe Mauerwerk gesetzt. Man kann sie aber auch mit Unterlattung verlegen. Beim Ansetzen mit Klebemörtel muß oben und unten ein Luftspalt bleiben, damit der Klebemörtel trocknen kann.

10. Beim Trennwandbau wird eine zwischen Fußboden, Decke und Wänden eingespannte Unterkonstruktion benötigt, die anschließend beidseitig mit aufgeschraubten Gipskartonplatten verkleidet wird. Diese Unterkonstruktion kann aus Holz (6 x 4 und 6 x 6 cm) oder auch aus

Gipsfaserplatten

Metallprofilen bestehen. Letztere bieten einen besseren Schallschutz. Sie sind auf jeden Fall einzusetzen, wenn die Trennwand gleichzeitig eine Feuerschutzfunktion haben muß. Die meisten Heimwerker ziehen eine holzerne Unterkonstruktion vor, doch ist der Trennwandbau mit einer Unterkonstruktion aus Metallprofilen, die es im Baustoffhandel als Meterware gibt, ebenso in eigener Regie zu verwirklichen.

11. Allen Gipskartonplatten gemeinsam ist die Notwendigkeit, die Längs- und Querfugen der Platten zu verspachteln. Hierfür sind die Längskanten in der Regel abgerundet.

12. Bei der neuen »Dicken« erweist sich die neuartige Vario-Kante als besonders spachtelfreundlich. An den Querkanten müssen Gipskartonplatten vor der Verlegung leicht angeschrägt werden, um ein einwandfreies Verspachteln auch dieser Fugen sicherzustellen.

10

Gipsfaserplatten

Diese spezielle Spielart der Gipskartonplatten besitzt einen durch feine Glasfaserhäcksel verfestigten Gipskern. Dieser hält nicht nur im Brandfall länger stand, sondern verleiht den Platten auch eine größere Steifigkeit und Festigkeit.

Gipsfaserplatten sind eine gute Wahl, wenn einerseits hohe Festigkeit verlangt wird, andererseits aber sehr beengte Raumverhältnisse den Einsatz 20 mm dicker Gipskartonplatten nicht zulassen. Manchmal geht es bei der Küchenmodernisierung ja wirklich um Millimeter.

Gipsfaserplatten haben meist ein Maß von 100 x 150 cm. Sie werden in der Regel, um Kreuzfugen zu umgehen, abwechselnd aufrecht und quer auf einer Unterkonstruktion aus Holz oder Metallprofilen verschraubt.

Der Mittenabstand der Rahmenhölzer beträgt hierbei jeweils 50 cm, so daß die Plattenstöße sowohl bei Längs- als auch bei der Queranordnung der Platten beidseitig eine

11

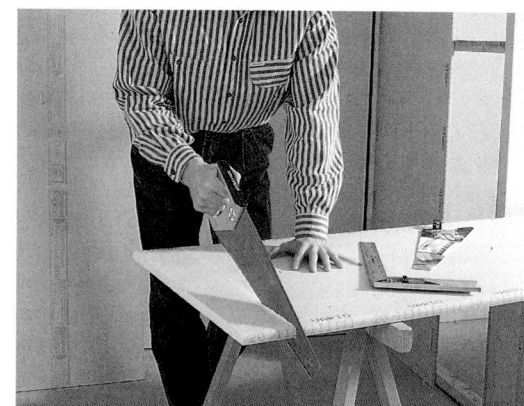
12

Holz und Holzwerkstoffe

13

14

15

sichere Auflage auf einer Strebe der Unterkonstruktion finden.

Leimholz

13. Für den klassischen Möbelbau ist Leimholz ein besonders interessantes Material. Es besteht aus in einem breiten Spektrum von Normgrößen verleimtem, gehobeltem und geschliffenem Weichholz und kommt dem Bestreben, im Wohnbereich verstärkt Naturwerkstoffe einzusetzen, sehr entgegen. Leimholz bietet dem Heimwerker die Möglichkeit, Möbel aus massivem Holz selbst zu bauen, und paßt zum Trend, im Landhausstil zu wohnen.

14. Da Leimholz durch und durch aus Massivholz besteht, eignet es sich auch sehr gut zu dekorativen Arbeiten mit der Oberfräse.

Spanplatten

15. Für den Möbel- und Innenausbau sind prinzipiell nur **Spanplatten der Emissionsklasse E1** zulässig, von denen keine Gefahr der Gesundheitsbeeinträchtigung durch nennenswerte Formaldehydabgabe ausgeht.

Wer Spanplatten bei der Küchenrenovierung einsetzt, sollte daran denken, daß in diesem Bereich stets die Gefahr von Wassereinwirkung gegeben ist, die zum Aufquellen des Plattenmaterials führen kann. Um dieses Risiko zu verringern, sollte man nach Möglichkeit **wasserfest gebundene Spanplatten** verwenden und zusätzlich darauf achten, daß die Schnittkanten gegen Wasseraufnahme geschützt sind. Dies gelingt auf ebenso einfache wie zuverlässige Weise durch Abspachteln der Schnittkanten mit zweikomponentiger Spachtelmasse oder Zweikomponenten-Fliesenkleber.

Diese Maßnahme empfiehlt sich auch für den Einsatz **beschichteter Spanplatten,** deren Oberflächen zwar durch die in Melaminharz eingebettete Dekorschicht wasserdicht sind, die aber über die Schnittkanten ebenfalls leicht Wasser aufnehmen können.

Wer **furnierte Spanplatten** einsetzt, sollte die

Oberflächenschutz

Schnittkanten auch an den nicht sichtbaren Seiten mit Massivholzanleimern versehen. Diese Massivholzanleimer sind mit wasserfest abbindendem Holzleim anzubringen. Eine Lackierung mit DD-Lack, wie er auch im Bootsbau eingesetzt wird, sperrt Furnier und Anleimer gegen Feuchtigkeitseinflüsse ab. Nach bereits einwöchiger Durchhärtung ist er resistent gegenüber allen üblichen Haushaltschemikalien.

16. Der aktuelle Küchentrend hat die lackierte Küche wiederentdeckt. Wer dieser Linie folgen möchte, verwendet am besten grundierfolienbeschichtete Spanplatten. Diese sind beidseitig mattweiß und decken die Spanstruktur perfekt ab.

17. Zudem bietet ihre satinierte Oberfläche allen üblichen Lacken eine zuverlässige Verankerungsbasis. Wer aus solchem Material Möbel baut, sollte alle sichtbaren Schnittkanten der Plattenzuschnitte mit Massivholzanleimern versehen. Dies hat den Vorteil, daß man die Kanten mit Schleifpapier leicht oder auch stärker brechen kann. Dadurch werden die Kanten nicht nur handfreundlicher, sondern zugleich ermöglicht dieses Verfahren auch einen ausreichend dicken Lackfilm im strapazierten Kantenbereich. Anders als bei einer scharfen Kante verdünnt die Oberflächenspannung des Lacks an einer gerundeten Kante den Lackfilm nicht.

18. Alle nicht sichtbaren Schnittkanten können beim Möbelbau zweikomponentig mit Spachtelmasse oder Fliesenkleber versiegelt werden.

Gleich welche Art von Spanplatte Sie auch einsetzen, ausschlaggebend für die Formbeständigkeit der Möbel wie auch für den Halt von Schrauben ist die Qualität der Spanplatte. Für den Nicht-Fachmann ist diese leider nicht leicht zu beurteilen. Genaueres Hinsehen gibt jedoch einigen Aufschluß über die Güte der Platte. Besonders die Schnittkante ist hierbei von Interesse. Sie läßt erkennen, aus wie vielen Schichten die Platte besteht und wie gut sie verdichtet wurde. Eine mangelhafte Verdichtung, die geringe Steifigkeit

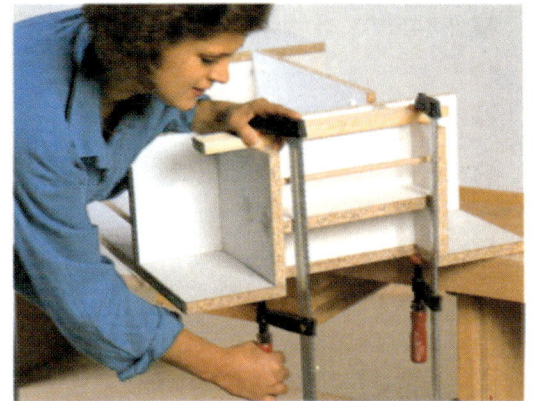
16

17

18

Sichere Verbindungen mit Schrauben

❶ Dünnerer, zylindrischer Schraubenkern mit ABC-„Greifspitze"
❷ Mehr tragende, breitere Gewindefläche
❸ Mehr Platz zwischen den Gewindegangen der Schraube ergibt tragfähigere, stärkere Gewindegänge im Materialgefüge und hohe Ausreißfestigkeiten
❹ Scharfer 40° Flankenwinkel des Gewindeganges
❺ Tragendes Gewinde über die ganze Länge des Schraubenschaftes
❻ Gehärtet, abreißfest
❼ Kunststoffgesintert, deshalb nur noch etwas mehr als 50% des Eindrehwiderstandes (Eindrehmoment)

❶ Dickerer Schraubenkern, stärkere Deformation im Materialgefüge
❷ Schmalere Gewindefläche, geringer Ausreißwiderstand
❸ Weniger Raum zwischen den Gewindegängen schwächt das Gefüge von grobem Material. Das Gewinde trägt zu wenig
❹ Stumpferer 60° Flankenwinkel des Gewindeganges
❺ Gewinde nur über 60% der Schraubenlänge
❻ Meist ungehärtet
❼ Ohne Gleitschicht

19

und schlechte Haltewerte für Schrauben zur Folge hat, ist bei intensivem Kratzen mit dem Daumennagel zu erkennen.
Ist es leicht, Holzpartikel herauszulösen, kann man von einer mangelhaft verdichteten Platte ausgehen. Gute Platten setzen der Kratzprobe erheblichen Widerstand entgegen und lassen meist einen fünf-, seltener jedoch einen siebenschichtigen Aufbau erkennen.
Dabei besteht die Mittelschicht aus relativ grobem Spanmaterial. Nach außen werden die Spanpartikel feiner und das Gefüge dichter.
19. Zur sicheren Verbindung von Spanplatten werden heute selbstschneidende Schrauben angeboten, deren Kern zylindrisch ist. Sie haben ein mit einem selbstschmierenden Kunststoff beschichtetes Gewinde, das eine verhältnismäßig geringe Steigung und extra breite scharfschneidige Flanken aufweist.
20. Zum problemlosen maschinellen Einziehen sind

20

solche Spanplattenschrauben in aller Regel mit einem Pozidriv-Senkkopf versehen. Sie versenken sich von selbst. Vorbohren und Ansenken entfallen damit.

In den Kopfseiten der Spanplatte wird naturgemäß ein nicht ganz so guter, meist aber dennoch ausreichender Halt erzielt. Bei hoher Belastung sollte man möglichst lange Schrauben verwenden oder auf Nummer Sicher gehen und dort, wo die Schrauben Halt finden sollen, einen Riffeldübel aus Buchenholz in eine entsprechende Bohrung einleimen. Darin finden die Schrauben dann zuverlässigen Halt.

Arbeitsplatten

21. Die meistverwendeten Arbeitsplatten bestehen aus hochverdichtetem Spanholz. Sie sind mit einer abgerundeten Vorderkante versehen.

21

Die Oberfläche trägt ähnlich der beschichteten Spanplatte eine Dekorfolie, die auch genarbt oder mit einer Holzstruktur versehen sein kann. Die Dekorpalette ist breit gefächert. Sie reicht von Holzimitationen über das Erscheinungsbild blockverleimter Platten, Marmor oder Stein bis zu Leinenstrukturen.

Gute Arbeitsplatten sind sehr widerstandsfähig und vertragen den Kontakt mit einem heißen Topf ebenso wie die Temperatur von Tiefgekühltem. Sie sind auch relativ schnitt- und kratzfest, was aber nicht heißen kann, daß dauerndes Schneiden auf ein und derselben Stelle gänzlich ohne Spuren bleibt. Gegen die üblichen Haushaltschemikalien sind Qualitätsarbeitsplatten jedoch immun.

22

Wegen ihrer großen Härte sollte man zu ihrer Bearbeitung, ähnlich wie bei beschichteten Spanplatten, nur hochwertige hartmetallbestückte Sägen, Bohrer und Fräser einsetzen. Da der schleifende Kontakt mit Metall schwer zu beseitigende Spuren von Metallabrieb hinterlassen kann, ist es zweckmäßig, die Plattenoberfläche im Bereich der Auflage von Handkreissäge, Stichsäge oder Oberfräse durch Abkleben mit breitem Packklebeband großflächig zu schützen.

23

Arbeitsplatten

22. Aus Sicherheitsgründen sollten offene Schnittkanten insbesondere im Bereich von Einbauspülen feuchtigkeitsdicht versiegelt werden. Für einen sauberen Wandanschluß sorgen im Handel erhältliche Kunststoffprofile mit flexiblen Dichtlippen, die einfach auf die Schnittkanten der Arbeitsplatte geschoben werden.

Masterwood

Vielseitige Einsatzmöglichkeiten beim Möbel- als auch beim Innenausbau bietet Masterwood, ein neuartiges, hochverdichtetes Holzfasermaterial. Es wird aus entrindetem Nadelholz hergestellt. Dabei wird das gereinigte und zerfaserte Holz mit schadstoffarmen Leimharzen vermischt und zu Platten gepreßt. Das Material besitzt eine sehr hohe Biegesteifigkeit und läßt sich leicht bearbeiten. Es läßt bis zum Kern vordringende Fräsungen zu, ist in der Fläche wie an den Kanten direkt lackierbar. Es zeichnet sich durch eine hohe Schraubenauszugssicherheit aus. Bei Wassereinwirkung ist nur eine sehr geringe Quellung zu verzeichnen. Hinsichtlich des Formaldehydgehalts entspricht Masterwood der Klassifizierung »E1«.

Masterwood gibt es als Plattenware bis zu einer Dicke von 38 mm. Größere Stärken lassen sich durch Aufdoppeln erreichen. Dünne Platten können Sie wie Sperrholz biegen und wie dieses formverleimen, um runde Bauteile zu erhalten. Das Material ist unbeschichtet, mit Grundierfolie beschichtet oder mit naturgeprägter Oberfläche (Holzoptik) erhältlich. Es bietet durch seine Einsatzmöglichkeiten und Bearbeitbarkeit bei der Küchenrenovierung vom Möbel bis zur Wandverkleidung interessante Perspektiven.

Tischlerplatten

Wenn es darum geht, gefliese Tischplatten und ähnliches zu bauen, sind Tischlerplatten dank ihrer Biegesteifigkeit gut geeignet. Die Gegenseite sollte auf jeden Fall lackiert werden, um das Material abzusperren. Die Kanten werden mit Massivholzanleimern versehen, die bis zur Oberkante der Fliesenfläche reichen. Anleimer bringen Sie am besten mit wasserfestem Leim an; lackiert wird, bevor Sie die Fliesenfläche verfugen.

Mineralisch gefüllte Acrylharzplatten

23. Ein interessantes Material sowohl für Arbeitsplatten wie auch für Fensterbankabdeckungen sind 6 oder 12 mm dicke Massivplatten aus acrylharzgebundenem Aluminiumoxid. Es gibt sie weiß oder marmoriert, aber auch eingefärbt. Das Material läßt sich gut mit hartmetallbestückten Holzbearbeitungswerkzeugen bearbeiten, mit Spezialkleber praktisch fugenlos kleben. Es zeichnet sich durch eine sehr pflegeleichte Oberfläche aus, die sich angenehm anfühlt. Heiße Töpfe, Zigarettenglut, Haushaltschemikalien und färbende Obst- und Gemüsesäfte hinterlassen keine bleibenden Spuren; und zum Backen und Teigausrollen ist eine solche Oberfläche geradezu ideal.

Solche Platten sind durch und durch gefärbt. Sie erlauben so auch sichtbar bleibende Bohrungen, Ausfräsungen und großflächige Aussparungen. Beim marmorierten Material zieht sich die Maserung durch die volle Materialstärke.

Neuerdings gibt es solche Platten auch in einem dekorativen Schichtaufbau zum Beispiel schwarz / weiß oder weiß / grau, so daß die Schnittkanten einen attraktiven Streifen-Look zeigen. Der Effekt läßt sich noch steigern, wenn Sie die Kanten konvex oder konkav anfräsen.

Solche Platten findet man allerdings kaum im Baumarkt. Wer sich dafür interessiert, sollte sich an Fachgeschäfte für den gehobenen Innenausbau oder Küchenfachhändler wenden.

Die gefliese Küche

Fliesen für Böden, Wände und Arbeitsflächen

Bei der Küchengestaltung und Ausstattung geht es nicht allein um die Optik. Die eingesetzten Materialien müssen auch funktionell sein. Als Arbeitsraum stellt die Küche besondere Anforderungen hinsichtlich Strapazierfähigkeit, Hygiene und Pflegeleichtigkeit. Dies gilt in besonderem Maße für die Beläge von Wänden, Böden und Arbeitsflächen.

Vielseitig einsetzbar: Feinkeramische Fliesen
Keramik ist unter den Materialien zur Küchenausstattung geradezu ein Klassiker. Feinkeramische Fliesen verbinden eine dichte, pflegeleichte und damit auch hygienische Oberfläche mit Langlebigkeit.

1. Als Naturmaterial liegt die Keramik zudem im aktuellen Trend. In ihrer Vielfalt an Farben, Formen, Formaten und Oberflächen bietet sie zugleich eine Anzahl von Kombinationsmöglichkeiten. Sie harmoniert mit Holz ebenso wie mit dem ihr artverwandten Glas, aber auch mit den in der Küche vielfach anzutreffenden Metallen, die von Kupfer bis Edelstahl und von Messing bis Chrom reichen.

2. In der Kombination mit einer keramischen Spüle können Sie feinkeramische Fliesen harmonisch zueinander abstimmen.

Damit die Keramik all ihre Vorteile voll und ganz zur Geltung bringen kann, kommt es auf die richtige Auswahl des Fliesenmaterials an, wobei die auftretenden Beanspruchungen zu berücksichtigen sind, die an der Wand geringer sind als auf dem Boden oder auf Arbeitsflächen.

3. Wer Wände, Arbeitsflächen und Böden mit dem gleichen Fliesenmaterial gestalten will, sollte des-

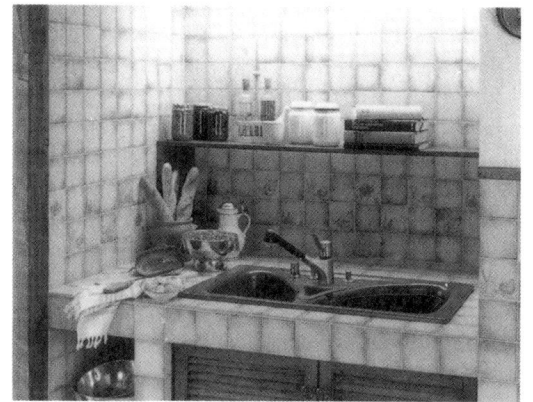
1

2

3

Die gefliese Küche

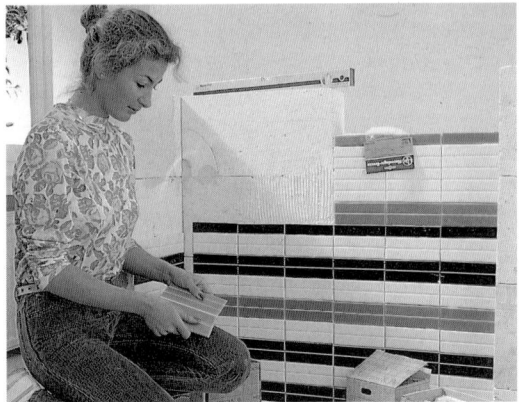

4

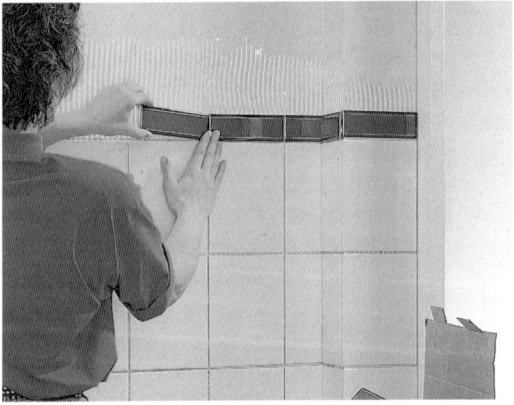

5

6

halb von der Höchstbeanspruchung, nämlich der Bodenflächen, ausgehen.

Der Fußboden ist auch in anderer Hinsicht ein wichtiger Richtpunkt. In der Küche muß man stets damit rechnen, daß Wasser auf den Boden spritzt und daß einmal etwas herunterfällt und den Boden rutschig machen kann. Aus diesem Grunde sollte man für den Küchenboden eher kleinere Formate wählen. Diese haben durch ihren größeren Fugenanteil eine bessere Standsicherheit als Großformate. Allerdings sind sie nicht ganz so pflegeleicht wie Großformate. Da der Haushalt jedoch der unfallträchtigste Arbeitsplatz ist, sollte man bei der Wahl des Bodenbelags eher dem Slogan »Sicherheit zuerst« folgen.

Wer Fliesen für die Küche aussucht, sollte nicht nur seinen Augen folgen, sondern auch die praktischen Aspekte beachten, die sich hinter den verschiedenen Fliesenarbeiten verbergen. Wer hinsichtlich der Qualität nach Orientierungshilfen sucht, sollte darauf achten, daß die Qualität der Fliesen der DIN 18155 bzw. der Europa-Norm entspricht.

In diesen Normen sind die Anforderungen hinsichtlich Planebenheit und Rechtwinkligkeit der Fliesen (das ist wichtig für problemlose Verlegung), der Porosität und Wasseraufnahme des Scherbens sowie die Abriebfestigkeit der Glasur festgelegt.

Für die praktische Eignung der Fliesen ist zuerst aber einmal das Fliesenmaterial und seine Veredlung ausschlaggebend. Dabei unterscheidet der Fachmann je nach Grundmaterial des Scherbens und der eventuell vorhandenen Glasur drei Fliesenarten.

4. Steingutfliesen besitzen einen feinkörnigen, kristallinen, porösen und relativ weichen, weißen, gelblichen oder auch rötlichen Scherben. Sie tragen eine glänzende oder auch matte, durchsichtige oder deckend farbige Glasur. Steingutfliesen können ebenso reliefiert sein.

Die relativ weiche Glasur und der nicht so stark verdichtete sowie nicht so hoch gebrannte

Die gefliese Küche

Scherben begrenzen die mechanische Beanspruchbarkeit, so daß Steingutfliesen in der Küche nur als Wandfliesen einzusetzen sind. Steingutfliesen gibt es unifarben wie auch mit Dekor, das in den verschiedensten Techniken bis hin zur Handmalerei aufgebracht sein kann. Entsprechend unterschiedlich ist auch der jeweilige Quadratmeterpreis.

5. Eine interessante Ergänzung sind Bordürenfliesen, farbige keramische Leisten wie auch aus mehreren Einzelfliesen bestehende dekorative Fliesenbilder.

6. Unglasierte Steinzeugfliesen stellen die am höchsten beanspruchbare Variante feinkeramischer Fliesen dar; sie lassen praktisch keinerlei Verschleißspuren erkennen. Ihr Charakter paßt gut zu Küchen im Landhausstil. Ihr Scherben zeigt eine mikrorauhe Oberfläche, was der Trittsicherheit bei Nässe zugute kommt.

Allerdings macht die fehlende Glasur solche Fliesen relativ anfällig gegen Fleckbildner, die sich leicht in der zwar dichten aber eben leicht rauhen Oberfläche einlagern. Da in der täglichen Küchenpraxis Fleckbildner nicht selten sind, ist unglasiertes Steinzeug nicht gerade die optimale Lösung für Küchenböden, Arbeitsflächen und Wände. Haben Sie sich jedoch für derartige Fliesen entschieden, sollten Sie sie von Zeit zu Zeit dünn mit Paraffinöl einreiben, das macht sie widerstandsfähiger. Andere Öle sind hingegen als Fleckbremse ungeeignet, da sie die Gleitgefahr erhöhen und Schmutz festhalten.

7.-9. Glasiertes Steinzeug wird nach Oberflächenverschleißwiderstand und Einsatzbereichen in vier Gruppen eingeteilt. Es ist in der Küche universell als Belag für Bodenflächen, Arbeitsplatten und an der Wand einsetzbar, sofern der gewählte Belag der Abriebgruppe III oder IV entspricht. Durch ihre Glasur ist diese Steinzeugvariante gegen Fleckbildner immun. Material ab Gruppe III aufwärts ist hart genug, um auch der kratzenden

7

8

9

Materialkunde

Die gefliestete Küche

10

11

12

Verschmutzung, mit der man in der Küche rechnen muß, zu widerstehen. Die Glasur steigert allerdings auch die Rutschgefahr bei Nässe, weshalb man gut daran tut, beim Bodenbelag kleinere Formate oder gar Mosaik zu wählen. Manche Fliesenprogramme bieten auch ein und dieselbe Fliese in verschiedenen Formaten an, so daß man auf der Arbeitsfläche das reinigungsfreundliche Großformat und auf dem Boden ein kleines, aber trittsicheres Format einsetzen kann.

Für den professionellen Bereich gibt es übrigens auch spezielle rutschhemmende Fliesen. Sie bieten sich in der privaten Küche an, wenn es gilt, dem besonderen Sicherheitsbedürfnis, zum Beispiel einer gehbehinderten Person, zu entsprechen.

Fliesenspezialitäten für Renovierer

Beim Renovieren älterer Häuser ergeben sich häufig besondere Probleme. Was ist zum Beispiel zu tun, wenn die Küche erstmalig einen Fliesenboden erhalten soll oder wenn der unansehnlich gewordene alte Fliesenbelag mit neuen Fliesen überklebt werden soll, weil man das Abschlagen der Altfliesen vermeiden will? In beiden Fällen droht eine Schwelle zu entstehen, die leicht zur Stolperfalle werden kann.

10.-11. Solche Schwierigkeiten lassen sich mit sogenannten Renovationsfliesen umgehen. Diese weisen bei normalgroßem Format (z.B. 20 x 20 cm) und üblichen Festigkeitswerten eine Dicke von nur 6 bis 7 mm auf. Solche Fliesen sind auch an der Wand hilfreich, wenn man es vermeiden möchte, Rohraustritte verlängern zu müssen.

12. Ähnlich vorteilhaft ist der Einsatz von Klein- oder gar Mikromosaik, das den Vorteil der geringen Dicke mit der einfachen Gestaltung von Rohraustritten verbindet und deshalb als besonders heimwerkergerecht anzusehen ist. Da Mosaik üblicherweise durch eine rückseitige Papier- oder Netzverklebung zu größeren Tafeln zusammengefaßt ist, ergibt sich zugleich auch ein rascher Arbeitsfortschritt ohne Probleme mit dem Fugenbild, auf das nur beim Ansetzen einer weiteren Matte zu achten ist.

Kleber für jeden Untergrund

Mit dem Format lassen sich auch gestalterische Aspekte erzielen. Bei kleineren Formaten erscheint die Miniküche etwas größer, während Großformate die Großzügigkeit einer geräumigen Küche noch unterstreichen.

Korrekturen der Raumoptik können Sie zudem durch geschickte Fliesenwahl erreichen. Bänder und keramische Leisten können in waagrechter Verlegung den Raum strecken. Helle Farben machen den Raum optisch ebenfalls größer. Dunkle Farben haben den entgegengesetzten Effekt. Sie sind in der Küche aber nicht gerade praktisch, weil sie jeden Spritzer überdeutlich sichtbar machen (vor allem bei hartem Wasser) und so den Pflegeaufwand über das notwendige und vernünftige Maß hinaus erheblich steigern.

Fliesenkleber

Das moderne Dünnbettklebeverfahren hat das Fliesenkleben erheblich vereinfacht. Hierzu haben vor allem auch erfolgssicher zu verarbeitende Kleber beigetragen, die durch eine hohe Anfangshaftung ein Abrutschen der Fliesen an senkrechten Flächen zuverlässig verhindern.

13

13. Dispersionskleber werden heute in erster Linie zum Verkleben von Steingut- oder Steinzeugfliesen auf Putzflächen eingesetzt. Diese verarbeitungsfertigen, pastösen Kleber tragen Sie mit einem Zahnspachtel auf eine etwa 1 bis 1,5 qm große Fläche auf, worauf die Fliesen in das frische Kleberbett gedrückt und ausgerichtet werden. Bei großformatigen Fliesen bewährt sich ein Kleber mit besonders hoher Anfangshaftung.

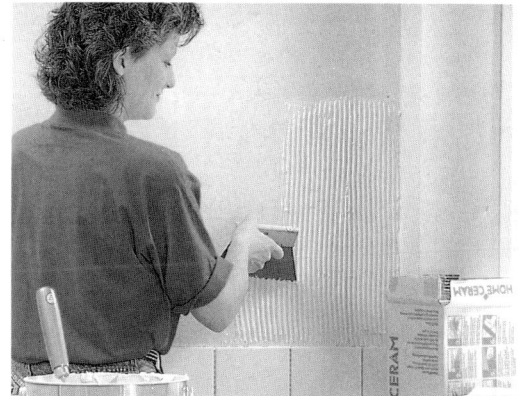
14

14. Mittlerweile gibt es solche Dispersionskleber auch schon in einer Ausführung mit gleichzeitig abdichtender Funktion zum Verfliesen von wasserbeaufschlagten Flächen aus Gipskarton- oder Gipsfaserplatten. Wer bei der Küchenrenovierung die Installation hinter einer Vorsatzschale verschwinden läßt, sollte im unmittelbaren Spritzwasserbereich, das heißt im Umfeld der Spüle, einen solchen Kleber einsetzen.

15

Kleber für jeden Untergrund

16

17

18

Um die erwünschte Dichtwirkung zu erzielen, wird vor dem eigentlichen Kleberauftrag mit dem Zahnspachtel eine etwa 1 mm dicke Dichtschicht mit einem Stahlglätter aufgetragen. Diese Schicht wird im Eckbereich mit einem eingearbeiteten Dichtungsband verstärkt. Am nächsten Tag kann dann die Verklebung auf der abgebundenen Dichtschicht erfolgen. Dieser Kleber eignet sich auch zu wasserdichten Verklebungen von Fliesen auf Spanplatte, Gasbeton und vielen anderen Untergründen. Um die gewünschte Wasserdichtigkeit zu erzielen, ist keine besondere Verfugung notwendig, normaler Fugenmörtel reicht voll aus. Anschluß-, Eck- und Dehnungsfugen sind immer dauerelastisch zu verfugen.

15. Pulverkleber werden üblicherweise bei der Verklebung von Bodenfliesen eingesetzt. Sie werden vor der Verarbeitung mit Wasser angesetzt und sollten einige Zeit reifen. Man kann solche Kleber auch zum Verlegen von Wandfliesen einsetzen.

Durch Zusatz von Kunststoff-Dispersion lassen sich viele Pulverkleber elastisch einstellen oder wasserdicht machen. Letzteres ist interessant, wenn es ums Fliesenkleben auf wasserempfindlichen Untergründen wie Gipskarton- oder Gipsfaserplatten geht. Ebenso beim Verkleben neuer Fliesen auf Altfliesen sowie bei einem Untergrund aus Spanplatten, wo eine gewisse Flexibilität der Verklebung erwünscht ist, bietet sich dieses Verfahren an.

16. Für letzteren Einsatz gibt es besonders flexibel eingestellte, spezielle Pulverkleber.

17. Zweikomponenten-Kleber waren lange Zeit die einzige Lösung, wenn es um wasserdichte Verklebungen von Fliesen ging. Heute hat sich der Einsatzbereich dieser Spezialkleber erheblich reduziert. In der Küche bewähren sie sich nach wie vor beim Verfliesen von Arbeitsplatten, wo sie für eine saubere, hygienische und pflegeleichte Fläche sorgen. Werden solche Kleber, die außer in Grau auch

Richtig verfugen

in Reinweiß zur Wahl stehen, zum Verfugen eingesetzt, ergibt sich eine ideale Arbeitsfläche mit schmutz- und feuchtigkeitsabweisender Oberfläche.

Da solche Kleber, einmal abgebunden, nicht mehr auflösbar sind, ist es wichtig, daß die verfugte Fläche rechtzeitig vor dem Aushärten des Klebers rückstandslos gereinigt wird. Dies gelingt mit Leitungswasser und einem Schwamm, vorausgesetzt, daß man nicht zu lange damit wartet. In Grenzfällen kann ein rauher Haushaltsschwamm helfen.

18. Um Hautreizungen zu vermeiden, sollte man bei der Verarbeitung dieser Kleber Schutzhandschuhe tragen. Restmengen sollten Sie als Sondermüll entsorgen!

Richtig verfugen

19. Fugen sind bei keramischen Fliesen nicht nur eine technische Notwendigkeit, sie können auch als Gestaltungsmittel genutzt werden. Fugenmaterial gibt es außer im Standardton Grau auch in Weiß sowie in allen gängigen Sanitärfarben, etlichen Bunttönen und sogar in Schwarz.

Bei der Farbwahl orientieren Sie sich zweckmäßigerweise an der Fliesenfarbe, wobei Ton-in-Ton-Gestaltungen die Fliesenfläche ruhig und einheitlich wirken lassen, während Hell-Dunkel-Kontraste oder Akzentfarben die Fläche markant gliedern.

In der Küche sollten Sie bei der Wahl der Fugenfarbe auch Rücksicht auf die Pflegeleichtigkeit nehmen. Vor allem im Bereich des Herds kann es durch Fettspritzer zu häßlichen Verfärbungen kommen. Einlassen der Fugen mit Paraffinöl mildert das Problem.

Während Sie an der Wand die Fugenfarbe frei wählen können, sollten Sie sich bei Arbeitsflächen und auf dem Boden für das unempfindliche Grau, eventuell für Schwarz oder sehr dunkle Farben entscheiden. Bei großformatigen Bodenplatten kommt »Fugenbreit« zum Einsatz.

19

20

Für ein gleichmäßiges Fugenbild sorgen Fliesenlegerkreuze aus Plastik, die einfach überfugt werden. Es gibt sie in verschiedenen Breiten für Wand- und Bodenfliesen.

20. Für die fachgerechte Gestaltung von Eck- und Anschlußfugen gibt es farblich passende **dauerelastische Sanitärfugendichter**, die für eine zuverlässig dichte Versiegelung von unterschiedlichen Untergrundmaterialien sorgen. Wichtig ist, daß solche Fugen breit genug angelegt werden, um über die materialeigene Elastizität die Bewegungen rißfrei auffangen zu können.

Auf den Boden kommt es an

Alternative Bodenbeläge

1

2

Außer Fliesen gibt es eine Reihe anderer küchengerechter Bodenbeläge.
Die Skala reicht von PVC-Platten über Gumminoppenplatten bis zu einer Reihe verschiedener Ausführungen von Kork.
Alle diese Materialien sind wasserfest, mehr oder weniger trittelastisch und weitestgehend pflegefreundlich.
Wofür Sie sich entscheiden, hängt weitgehend von Ihrem persönlichen Geschmack und Ihrem Einrichtungsstil ab.

PVC-Platten und -Läufer gibt es in reicher Farbenauswahl und vielfältigen Mustern. PVC ist ein sehr langlebiges Material, allerdings ist es auch nicht unproblematisch in der Entsorgung.
Relativ druckfeste Beläge mit mineralischen Füllstoffen sind den sehr trittelastischen, aber nur mit einer dünnen Laufschicht versehenen »Cushioned Vinyls« vorzuziehen, da letztere vor allem in stark frequentierten Küchen eher verschleißen.
Vinylbeläge werden in der Regel mit Spezialklebern fest mit dem Untergrund verklebt. Man kann sie aber auch mit einer flüssig aufzutragenden Fixierung verlegen, was ein Wiederaufnehmen des Belags ohne Beschädigung des Unterbodens ermöglicht. Letzteres ist insbesondere in Mietwohnungen von Interesse.

1. Gumminoppenplatten – im Objektbereich weit verbreitet, haben aber auch Eingang in den privaten Wohnbereich gefunden, zumal sie längst nicht mehr in tristem Schwarz, sondern jetzt auch weiß sowie leuchtend farbig erhältlich sind.

Auf den Boden kommt es an

Noppenplatten aus Gummi erfreuen sich vor allem bei Anhängern des High-Tech-Stils großer Beliebtheit. Sie sind unempfindlich und zeichnen sich durch ein hohes Maß an Trittsicherheit aus. Dies gilt auch bei Nässe und selbst dann, wenn einmal rutschige Substanzen wie Gemüseblätter oder Obstschalen auf dem Boden landen sollten.

Die Noppen erweisen sich allerdings bei der Naßreinigung als etwas hinderlich und sie können, trotz des gerundeten Übergangs zwischen Fläche und Noppen, leichter Schmutz festhalten. Allerdings ist dieser Nachteil gering gegenüber der Trittsicherheit bei Nässe.

Gumminoppenplatten werden üblicherweise mit wasserarmen Fußbodenklebern in einer Art Kontaktklebeverfahren verlegt, wobei allerdings der Kleber nur auf den Fußboden aufgetragen wird. Da die Gummiplatten praktisch dampfdicht sind, muß der Kleber lange ablüften, bevor die Gummifliesen ins Kleberbett gedrückt werden.

2. Kork ist als Naturmaterial wieder aktuell. Er vereinigt eine Reihe von günstigen Eigenschaften, die ihn als Bodenbelag für die Küche besonders attraktiv machen.

Korkbeläge dämpfen dank ihrer Elastizität und Zellstruktur Tritt- und Körperschall recht wirkungsvoll und empfehlen sich so besonders für hellhörige Wohnungen.

Kork ist trittelastisch, schall- sowie wärmedämmend und besitzt nach Druckeinwirkung ein äußerst gutes Rückstellvermögen. Es bleiben keine dauerhaften Dellen zurück, wenn eine Punktbelastung durch Tisch oder Stuhl wieder aufgehoben wird.

Naturkork ist übrigens auch nicht brennbar und wird deshalb in Skandinavien in großem Maße in öffentlichen Gebäuden wie Kliniken, Flughafen und Schulen als Bodenbelag eingesetzt.

Diese Tatsache spricht für die Haltbarkeit und hohe Strapazierfähigkeit dieses Materials.

Als Bodenbelag wird Kork in Form von großformatigen Fliesen im Naturton oder auch eingefärbt geliefert. Die meisten Platten bestehen aus gepreßtem Kork und tragen eine furnierartige Deckschicht aus geschnittenem Kork, die zum Beispiel eine Art Blockmuster zeigen kann. Korkplatten werden in den unterschiedlichsten Mustern und Formen im Handel angeboten.

Anhänger des Bio-Wohnens dürften **unbehandelte Naturkorkplatten** vorziehen. Diese sind allerdings anfällig gegen färbende Substanzen, die in der Küche nicht selten anzutreffen sind. Dieser Nachteil läßt sich jedoch durch eine Oberflächenbehandlung nach der Verlegung vermeiden. So kann man den Korkboden zum Beispiel mit versiegelnden Wachsen behandeln oder auch mit Parkettlack auf DD-Lackbasis absperren. Solche Lacke sind zweikomponentig und enthalten organische Lösemittel, um sie streichfähig zu machen. Sie zeichnen sich durch hohe mechanische und chemische Beständigkeit aus und machen den Korkboden dauerhaft pflegeleicht. Diese Behandlung des Naturprodukts Kork wird allerdings vor wirklichen Bio-Anhängern kaum als Alternative zum Wachsen bestehen können.

Ähnlich sind **PVC-beschichtete Korkfliesen** einzustufen. Diese sind fleckabweisend, sehr pflegeleicht und erstaunlich widerstandsfähig, obwohl die farblose PVC-Deckschicht nur hauchdünn ist.

Vorteilhaft für den Heimwerker ist der anhaltende Schutzeffekt (im Gegensatz zum Wachsen, das eine Nachbehandlung von Zeit zu Zeit notwendig macht) und die Tatsache, daß nach der Verlegung eine gebrauchsfertige Fläche vorhanden ist.

Korkbeläge werden mit wasserarmen Dispersionsklebern verlegt, wobei die Platten in das gut abgelüftete Kleberbett gedrückt werden.

Der Boden ist nach Abbinden über Nacht begehbar, so daß die Küche schon bald eingeräumt werden kann. Dabei sollten Sie es allerdings vermeiden, schwere Möbel über den frisch verklebten Belag zu schieben.

Wandbekleidungen

1

2

3

Alternative Wandbekleidungen

Wenngleich Fliesen die gängigste Wandbekleidung in der Küche darstellen, sind sie dennoch nicht die einzige Möglichkeit einer praktischen und dekorativen Wandgestaltung.

Es gibt darüber hinaus sinnvolle Alternativen, die Pflegeleichtigkeit, Hygiene und Haltbarkeit miteinander verbinden.

1. Lackierte Rauhfaser- und Prägetapeten stellen eine dieser Möglichkeiten dar. Im Hinblick auf leichte Reinigung und Pflege sollte man in der Küche vor allem im Spritzbereich rund um Herd und Spüle keine allzu grobe Rauhfaser einsetzen und bei Prägetapeten eine Reliefierung ohne allzu feine Vertiefungen wählen. Das bedeutet nicht notwendigerweise einen Verzicht auf eigene Wirkung von Rauhfaser- und Prägetapeten, da ein glänzender Anstrich die Strukturen ohnehin betont.

2. Als Anstrichmittel empfehlen sich glänzende oder auch seidenglänzende wasserhaltige Acryllacke (auch Dispersionslacke genannt). Ebenso gut geeignet sind glänzende Latexanstriche. Beide ergeben eine strapazierfähige und zugleich sehr ausdrucksvolle Oberfläche. Sie widersteht allen üblichen Haushaltschemikalien wie auch intensiven Reinigungsmaßnahmen.

3. Die untereinander mischbaren Acryllacke wie auch die abtönbaren Latexfarben eröffnen dabei ein breites Spektrum von Farbnuancen und erlauben so eine perfekte farbliche Abstimmung der Wandflächen auf Kücheneinrichtung, Ausstattung und Bodenbelag.

4. Glasfasergewebe ist ein ideales Renovierungsmaterial für Problemwände und -decken.

Wandbekleidungen

Materialkunde

Es ist in verschiedenen Webarten und Konfektionierungen auf dem Markt. So gibt es auf ein Trägerpapier aufkaschiertes Glasgewebe, das wie schwere Tapeten mit kunststoffvergütetem Spezialkleister oder -kleber angebracht wird. Ebenso »nacktes« Glasfasergewebe, das direkt in eine auf die Wand aufgerollte Kleberschicht eingebettet wird. Beide Ausführungen werden nach dem Trocknen mit Dispersionslack, Latexfarbe oder anderen scheuerbeständigen Anstrichmitteln überstrichen.

Glasfasergewebe zeichnet sich durch eine hohe Zugfestigkeit aus und ist daher an Wand wie Decke gut zur Überbrückung von rissigem Putz geeignet. Ist diese Eigenschaft für die Renovierung wichtig und entscheiden Sie sich deshalb für ein Glasfasergewebe, sollten Sie die direkt ins Kleberbett einzudrückende Ausführung wählen. Glasfasergewebe schafft eine sehr strapazierfähige Oberfläche und ist deshalb für den Kücheneinsatz sehr gut geeignet.

4

5. Vinyltapeten sind fleckunempfindlich und wasserabweisend. Sie empfehlen sich als eine weitere praktische Alternative, wenn es um Wandbekleidungen in der Küche geht.

Vinyltapeten sind als Mustertapeten oder in geschäumter, überstreichbarer Ausführung erhältlich und werden wie normale Papiertapeten - vorzugsweise mit Spezialkleister - verklebt.

5

6. Holz ist als Verkleidungsmaterial für Wände und Decke in der Küche ebenfalls geeignet. Es bedarf allerdings im Bereich von Herd und Spüle einer entsprechenden Schutzbehandlung durch Dickschichtlasuren oder Lacke. Im Naßbereich der Spüle sollte man Profilholz oder Täfelbretter an der Unterkante schräg auslaufen lassen, so daß eine Tropfkante entsteht und Spritzwasser in die Spüle ablaufen kann.

Tip: Wer an die Umwelt und an gesundes Wohnen denkt, sollte beim Farbenkauf möglichst auf emmissions- und lösemittelfreie Farben achten.

6

Armaturen und Spülen

Moderne Spülen und Armaturen

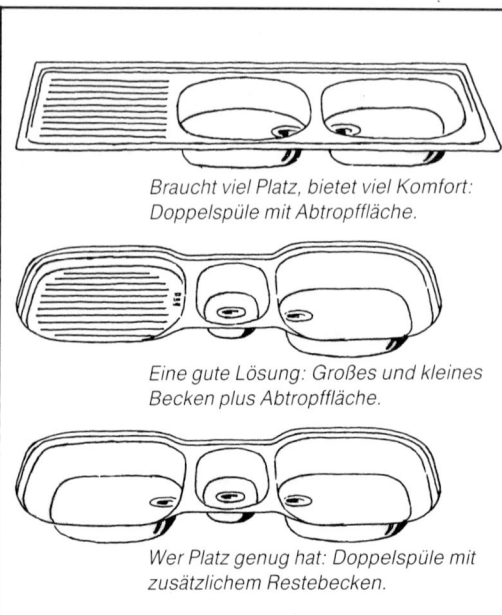

Braucht viel Platz, bietet viel Komfort: Doppelspüle mit Abtropffläche.

Eine gute Lösung: Großes und kleines Becken plus Abtropffläche.

Wer Platz genug hat: Doppelspüle mit zusätzlichem Restebecken.

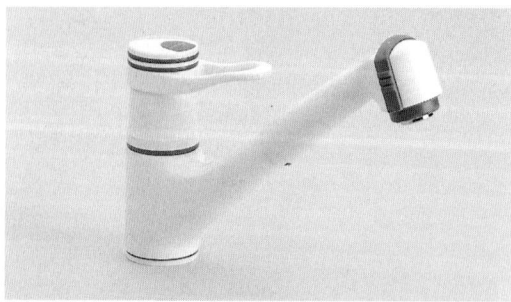

Wenn auch die Spülmaschine in den meisten Haushalten heute den größten Teil des leidigen Abwasches übernimmt, so hat der Arbeitsplatz Spüle damit keineswegs seine Bedeutung verloren. Sie dient nicht nur zum kleinen Abwasch zwischendurch, sondern bietet sich auch insbesondere in neuen, funktionellen Formen auch für viele Arbeiten an, die früher höchst umständlich mit Schüsseln und Sieben verrichtet werden mußten.

1. Moderne Spülen sind vor allem durch die Kombination mehrerer Becken mit separaten Abläufen für den Küchenalltag interessant. Besonders nützlich ist das sogenannte »Becken im Becken«, das sich beim Obst- und Gemüsewaschen als ebenso praktisch erweist wie beim Wässern von Fischen. Zusatzbecken sind aus schlagfestem Polykarbonat-Kunststoff und meist herausnehmbar.

Bei der Spülenwahl sollten Sie vor allem dem Hauptbecken einige Beachtung schenken. Nicht alle nehmen problemlos einen großen Bräter oder gar die Fettpfanne aus dem Backofen auf. Mit einigen Spülen haben Sie trotz kompakter Abmessungen solche Probleme nicht, weil das Becken nicht wie üblich rechteckig, sondern halbmondförmig oder ähnlich angelegt ist.

Es gibt auch Spülen mit zwei großen Spülbecken, die dazwischen Extrabecken angeordnet haben; dies sogar in sehr kompakter, platzsparender Eck-Anordnung. Zum Entleeren der Becken muß man sich nicht einmal mehr die Finger naß machen, denn die Abläufe lassen sich bei Spitzenmodellen über eine Exzenter-Mechanik öffnen und schließen.

Spülen mit Ausstattung

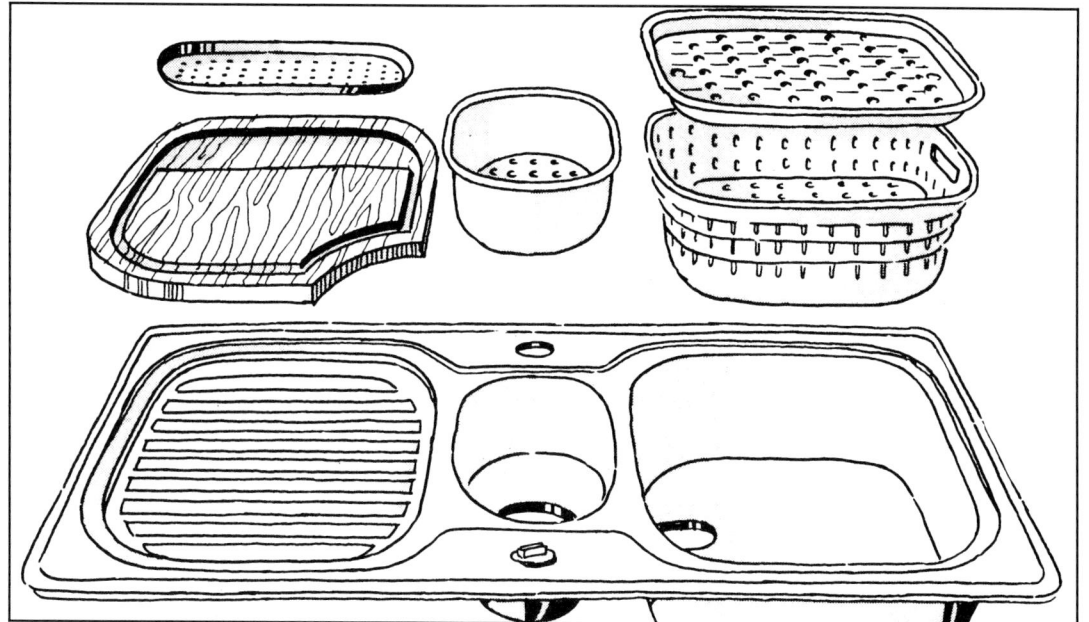

Sehr praktisch ist auch eine Resteschale, auf der nasse Abfälle abtropfen können, bevor sie in den Müll befördert werden.

Zu manchen Spülen gibt es auch ein Schneidbrett, mit dem man die Beckenmulde(n) überdecken kann, wodurch in einer kleinen Küche ein Stück zusätzliche Arbeitsfläche gewonnen wird. Spülen mit dieser arbeitsparenden Ausstattung gibt es heute in allen gängigen Materialien von Edelstahl bis Keramik, von Stahl emailliert bis zu Kunststoff oder Kupfer. Damit stellt sich modernes Spülendesign in verschiedenen Preisebenen zur Wahl und bietet zugleich auch jede Möglichkeit zur harmonischen Abstimmung der Spüle in Farbe und Material auf das gesamte Erscheinungsbild der Küche.

2.-3. Die moderne Armaturentechnik leistet ebenfalls ihren Beitrag zur Bequemlichkeit. Entsprechend der aktuellen Mehr-Becken-Spüle sind sie in der Regel schwenkbar ausgelegt oder besitzen einen Auslauf, der sich vom Armaturenkörper lösen läßt und so zur flexibel einzusetzenden Schlauchbrause wird. Dies erweist sich nicht nur beim Reinigen der Becken oder beim Gemüsewaschen als praktisch, sondern auch dann, wenn es gilt, einen Putzeimer zu füllen. Ihn muß man nämlich nicht mehr im Spülbecken unter dem Auslauf füllen und folglich auch nicht gefüllt mit einem Kraftakt aus dem Becken heben. Auf manche Armaturen lassen sich praktische Arbeitshilfen aufstecken.

Die Temperatursteuerung kann konventionell über Ein- oder Zweihebelmischer, aber auch ganz elegant über Thermostatventile erfolgen. Letztere erlauben eine gradgenaue Temperaturvorwahl und tragen damit auch zur Einsparung von Wasser und Energie bei.

Mit einem breiten Angebot unterschiedlicher Oberflächen von »chrom« bis »bronče« und von der weißen bis zur farbigen Pulverlack-Beschichtung bis hin zu raffinierten Oberflächenkombinationen fügen sich die Armaturen in Stil und Farbe in die Küchengestaltung ein.

Werkzeugkunde

Die wichtigsten Werkzeuge

Auf dieser Doppelseite finden Sie Kurzbeschreibungen der wichtigsten Werkzeuge für die Küchenrenovierung. Welche Werkzeuge Sie für die einzelnen Arbeitsgänge und -anleitungen benötigen, zeigen Ihnen die Abbildungen oder Auflistungen unter der Rubrik »Werkzeuge«, die Sie bei allen Arbeitsanleitungen finden.

Wichtige Elektrowerkzeuge

1. **Bohrmaschine:** Leistung etwa 600 bis 800 Watt, mit elektronischer Drehzahlregelung und Rechts-Links-Lauf. Diese Ausstattung erlaubt werkstoffgerechtes Bohren. Mit Schlagbohrvorrichtung geeignet für Bohrungen in Stahlbeton.

2. **Bohrhammer:** Der leichte 2 kg-Bohrhammer ist unverzichtbar, wenn man es mit Beton zu tun hat.

3. **Handkreissäge:** Für alle Holzarbeiten hilfreich.

4. **Stichsäge:** Nicht immer sind schnurgerade Schnitte gefordert. Wenn es beim Sägen um die Kurve geht, brauchen Sie eine Stichsäge.

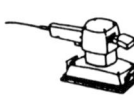

5. **Schwingschleifer:** Im Innenausbau, vor allem mit Holz oder Gipskartonplatten, fallen umfangreiche Schleifarbeiten an, die mit einem Schwingschleifer schneller von der Hand gehen. Modelle mit Staubabsaugung halten den Schmutz in Grenzen.

6. **Akku-Schrauber:** Dieses Werkzeug bewährt sich durch seine Handlichkeit bei der Montage von Gipskartonplatten. Da kein Kabel am Arm zieht und das Gerät relativ leicht ist, sorgt es für ermüdungsfreies Schrauben.

Praktisches Zubehör zu Elektrowerkzeugen

7. **Lochsäge:** Dieses Zusatzgerät zur Bohrmaschine ermöglicht großkalibrige Bohrungen für Rohrdurchführungen, Steck- und Schalterdosen in Holz und Gipskartonplatten.

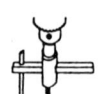

8. **Kreisschneider:** Die entsprechenden Bohrungen in Fliesen arbeitet der stufenlos verstellbare Kreisschneider mit Schutzglocke aus.

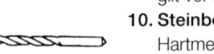

9. **Brillantbohrer:** Wenn harte und kritische Materialien das Bohren zum Problem machen, sind diese auf Schnitt geschliffenen Hartmetallbohrer die Lösung. Dies gilt vor allem für Fliesen.

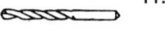

10. **Steinbohrer:** Dieser Bohrer besitzt eine Hartmetallspitze, die beim Schlagbohren wie ein Meißel wirkt und das Material zertrümmert. Vorzugsweise bei Beton und hartgebrannten Ziegeln einzusetzen.

11. **Spiralbohrer:** Dieser Bohrer dient zum Bohren von Metallen; mit speziellem Schliff und steilerer Spannut auch zum Bohren von Kunststoffen.

12. **Holzbohrer:** Er ähnelt dem Spiralbohrer, verfügt aber über eine Zentrierspitze, die verhindert, daß bei Arbeiten mit Holz Bohrungen verlaufen können.

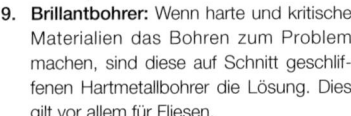

13. **Bohrständer:** Wenn es um Präzision geht, ist der Bohrständer eine gute Bohrhilfe. Er sichert genau senkrechte Bohrungen und kann auch bei Verwendung des Kreisschneiders benötigt werden.

Werkzeuge für die Gipskarton-Verarbeitung und Dämmung

14. **Dämmstoffmesser:** Dieses Messer besitzt eine bewußt schartige Klinge und dient vornehmlich zum Zuschneiden von Steinwolle.

15. **Tacker:** Dient zur Befestigung von Dampfsperrfolien. Es gibt Modelle mit Federkraft-Betätigung und in elektrischer Ausführung.

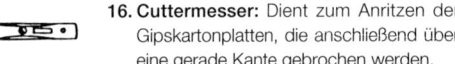

16. **Cuttermesser:** Dient zum Anritzen der Gipskartonplatten, die anschließend über eine gerade Kante gebrochen werden.

17. **Fuchsschwanz:** Dickere Gipskartonplat-

Werkzeugkunde

...ten werden mit einem Fuchsschwanz zugeschnitten, der auch beim Ablängen von Hölzern für die Unterkonstruktion beim trockenen Ausbau hilfreich ist.

18. **Stichling:** Diese Raspel mit Bohrerspitze erlaubt das Ausarbeiten von beliebig konturierten Durchbrüchen in Holz und Gipskartonplatten, und zwar vom kreisrunden Loch bis zum Schlitz.
19. **Stielspachtel:** Dieses Werkzeug dient zum Verspachteln der Stoßfugen und Schraubstellen.
20. **Schleifschwamm:** Diese moderne Variante ist ideal zum Feinschleifen von gespachteltem Gipskarton, egal, ob es um eine scharfe Kante oder um Rundungen geht.
21. **Wasserwaage:** Unverzichtbar bei Errichtung von Ständerwerken und Deckenabhängungen, aber auch beim Markieren von Bahrungen z.B. bei der Waschtischmontage. Große Ausführungen von etwa 1m Länge erlauben mehr Präzision als kürzere.

Werkzeuge zum Fliesenlegen

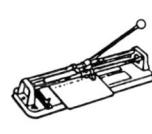

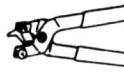

22. **Fliesenschneidemaschine:** Moderne Ausführungen gibt es jetzt auch mit verstellbarem Winkelanschlag. Das Gerät macht sich bei größeren Arbeiten bezahlt.
23. **Papageienschnabel:** Auch Fliesenlochzange genannt, dient zum Ausarbeiten von Aussparungen und Durchbrüchen in Fliesen. Bei Druchbrüchen zuerst ein größeres Loch zum Ansetzen bohren.
24. **Fliesenbrechzange:** Alternative zur Fliesenschneidemaschine, aber wenigeer genau; ferner ist mit diesem Werkzeug ein größeres Bruchrisiko verbunden.
25. **Zahnspachtel:** Zum Aufziehen von Fliesenklebern aller Art. In verschiedenen Zahnungen auch mit austauschbaren Blättern erhältlich; die Zahnung entsprechend zur Verarbeitungsvorschrift des Klebers wählen.
26. **Zahnkelle:** Dient zum Aufziehen wie auch zum Durchkämmen von Kleber; ebenfalls in verschiedenen Zahnungen erhältlich.

27. **Fugengummi:** Werkzeug zum Einrakeln von Fugenmasse in die Fliesenfugen und zum Abziehen überschüssigen Fugenmörtels. Wird stets diagonal oder kreisbogenförmig geführt.
28. **Fug(en)brett:** Großformatige Holzkelle mit einer Zellgummiauflage auf der Unterseite; dient zum Verfugen.
29. **.Auspreßpistole:** Sie dient zur Verarbeitung von dauerelastischen Fugenmassen und Sanitärfugendichtern in Kartuschen.

Werkzeuge zur Oberflächengestaltung

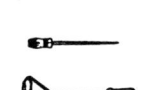
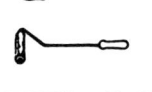

30. **Deckenbürste:** Quaste zum Auftragen von Grundierungen und Tapetenkleister. Bei lösungsmittelhaltigen Grundierungen nur Quaste mit Naturborsten verwenden!
31. **Heizkörperrolle:** Praktisch zum Verstreichen von Dispersionsfarben an Deckenrändern.
32. **Heizkörperpinsel:** Alernative zur Heizkörperrolle.
33. **Lammfellwalze:** Zum Rollen von Dispersionsfarbe an Decken und Wänden.
34. **Teleskopstiel:** Stufenlos längenverstellbarer Stiel, um Lammfellwalzen aufzustecken. Damit wird das Deckenstreichen vom Boden aus sehr erleichtert.
35. **Schaumstoffwalze:** Sie dient zum Lackieren mit wasserhaltigen Acryllacken und hinterläßt eine Art Orangenhaut-Narbung. Kann auch zum Auftrag von Teppichfixierungen etc. verwendet werden.
36. **Lackierschale:** Flache Kunststoffschale mit schrägem, meist gerippten Bodenteil und tieferem Teil zur Lackaufnahme.
37. **Tapeziertisch:** Zusammenklappbarer Tisch zum Zuschneiden von Tapetenbahnen.
38. **Tapezierschiene:** Lange, flexible Stahlschiene (möglichst rostfrei) dient zum sauberen Kantenbeschnitt von Tapeten.
39. **Schlagschnur:** Mit Kreide oder Pulverfarbe behandelte Schnur. Sie dient zum Markieren von langen, geraden Linien an Wänden, Decken oder auf Bodenflächen.

Ideen für die Küchengestaltung

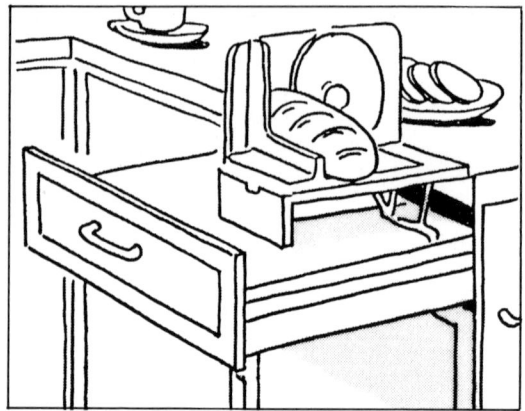

1

2

Gute Planung macht sich bezahlt

Die Planung der Küche muß sich stets nach dem persönlichen Bedarf richten. Eine Single-Küche sieht selbstverständlich anders aus als die Küche einer Familie mit Kindern. Ebenso sollte die Küche für ältere Menschen auf deren spezielle Bedürfnisse zugeschnitten sein. Beispielsweise kann eine Stufe in der Küche für junge Leute schick und attraktiv sein, dagegen hat sie in einer Seniorenküche wegen der Stolpergefahr nichts zu suchen.
Wer eine Küche umbaut oder modernisiert, tut dies meist mit der Perspektive, in dieser Wohnung, gleich ob Eigentum oder Mietobjekt, länger oder gar auf Dauer zu wohnen. Deshalb ist es ratsam, bei der Planung nicht allein von den aktuellen Verhältnissen auszugehen, sondern auch die absehbare Entwicklung mit zu berücksichtigen.
Wenn man auch in den meisten Fällen den vorgegebenen Grundriß akzeptieren wird, so sollte man sich auf jeden Fall überlegen, ob die vorhandene Lage von Gas- und Wasseranschlüssen, Abflußleitungen sowie Stromversorgung ebenfalls sinnvoll ist. Dies gilt besonders für ältere Häuser.

Was gehört in eine moderne Küche?
Unsere Großeltern kamen bei der technischen Küchenausstattung noch mit Herd und Spüle aus. Die moderne Haustechnik hat nicht nur Herd und Spüle funktioneller gestaltet, sondern zugleich den Gerätepark erheblich erweitert.
Zu einer modern ausgerüsteten Küche gehören neben Herd und Spüle mit Kochendwassergerät vor allem ein Kühl- und ein Gefrierschrank oder eine Kombination beider Geräte. Den lästigen Abwasch erledigt heute meist eine Spülmaschine.

Ideen für die Küchengestaltung

Küche mit Einbaugeräten

Daneben bietet die Industrie eine Vielzahl mehr oder weniger nützlicher Kleingeräte an: vom Rührgerät bis zur Küchenmaschine, vom elektrischen Dosenöffner bis zum Eierkocher, vom Allesschneider bis zum Tischgrill, vom Mixer bis zur Kaffeemaschine. Ob man all diese Geräte wirklich braucht und sie im Hinblick auf den Energieverbrauch sinnvoll sind, sollte jeder für sich entscheiden. Wer sich diese Geräte jedoch anschafft, sollte sich frühzeitig Gedanken machen, wo er sie zweckmäßig unterbringt. Hier erweisen sich Steckerleisten, die sich um weitere Steckdosen ergänzen lassen, als praktische Lösung.

1.-2. Praxisgerecht sind auch Schrankfächer mit Auszügen zur Aufnahme der Elektrogeräte, die über Steckdosen im Schrank und dehnbare Spiralschnüre direkt angeschlossen sind. Dies kann bei manchen Geräten allerdings nicht ganz unproblematisch sein, weil man sie beim Herausnehmen versehentlich leicht einschalten und so, wie z.B. bei einem elektrischen Messer, eine Verletzungsgefahr bestehen kann.

Solche Risiken lassen sich eingrenzen, wenn man die Steckdosen im Schrank über einen in die Arbeitsplatte eingelassenen Schalter mit Kontrolllampe stromlos machen kann. Man kann sich auch vom Elektriker einen Endschalter in den Schrank einbauen lassen, der bei voll eingefahrenem Auszug die Stromzufuhr unterbricht.

Beim Gerätekauf ist neben den wichtigen Aspekten wie Energie-, Wasserverbrauch und leiser Lauf bei Spülmaschinen zu beachten, daß es sowohl freistehende als auch Einbau- bzw. Unterbaugeräte gibt. Freistehende Geräte sind meist billiger.

In aller Regel wird man aber die nahtlose und besonders pflegeleichte Einbauweise vorziehen. Zusätzlich bieten Einbaugeräte generell den Vorteil, daß sie nicht auf dem Boden stehen müssen und daß beim Herd Kochfeld und Backofen getrennt sein können.

Einzelne Küchentypen

Eine offene oder geschlossene Küche

1

2

3

1. Die Urform der Küche ist die offene Küche, in der der Herd zugleich Kochstelle und Raumheizung war. Außerdem dient der Rauchfang über dem offenen Herdfeuer zum Räuchern von Würsten und Schinken diente. Die Küche war damals Eßplatz und Aufenthaltsraum der Familie. Lediglich in herrschaftlichen Haushalten gab es eine separate Küche, in der das Personal schaltete und waltete.

Heute entdecken viele Familien den Reiz der Küche als Kommunikationszentrum wieder. Sie entscheiden sich entweder für eine große Küche mit geräumigem Eßbereich und Tisch oder für eine nur halb vom Wohnraum abgetrennte offene Küche, die auch als Eßbar gestaltet werden kann. In Verbindung mit einer Blende oberhalb der Kopfhöhe wird erreicht, daß der Blick nicht auf das »Küchenchaos« fällt und zugleich auch die Küchendünste weitgehend abgeschirmt werden.

In Restaurants wird letzteres durch einen praktischen Trick unterstützt. Man setzt in die Öffnung zum Lokal eine Reihe von Infrarot-Strahlern, die servierfertiges Essen nicht so schnell abkühlen lassen und zugleich einen Warmluftvorhang erzeugen. Eine offene Küche erfordert gute Lüftungsmöglichkeiten und eine wirksame Absaugung der Kochdünste, damit sich der Kochgeruch nicht in der ganzen Wohnung ausbreitet. Sie setzt zugleich voraus, daß die Küche immer aufgeräumt sein muß, falls die Öffnung zwischen Küche und Wohnraum nicht durch ein Rollo, eine Jalousie oder eine sonstige Abtrennung geschlossen werden kann.

Einzelne Küchentypen

Eine offene Küche kann räumlich so bemessen sein, daß der Platz allein für die Küchenarbeit ausreicht. Für Sitzgelegenheit ist dann anderweitig gesorgt, wobei dennoch der Sichtkontakt zwischen Wohnbereich und Küche die Kommunikation ermöglicht.

Küche mit Eßplatz

2. Die mehr und mehr gewünschte Wohnküche beansprucht hingegen mehr Platz, da sie auch Raum für einen Eßplatz bieten soll. Um ein gemütliches Ambiente zu schaffen, sollten Sie versuchen, den vorhandenen Raum zu gliedern und den Bereich der Sitzecke zumindest optisch vom Arbeitsbereich abzugrenzen. Dies gelingt durch einen halbhohen Tresen, der zugleich zusätzliche Abstellflächen bietet. Der gleiche Effekt wird aber auch durch eine Stufe erreicht, die dazu beitragen kann, Installationsprobleme zu lösen.

Ein Tisch gehört dazu

3. Mit der Einbauküche und ihren durchgehenden Arbeitsflächen wurde der Tisch als Mittelpunkt häufig aus der Küche verbannt. Mittlerweile geht der Trend jedoch wieder weg von der schmalen Schlauchküche und hin zur Küche mit Tisch. Ein freistehender Küchentisch erweist sich nicht nur praktisch für die Hausfrau, sondern dient zugleich als Sitzplatz für schöpferische Pausen und als Treffpunkt der Familie.

4.-5. In kleineren Küchen erweist sich ein fahrbarer Tisch mit Schrankunterbau (vgl. Arbeitsanleitung »Single-Küche mit Eßplatz«, S.101) als praktische Lösung, weil er sich problemlos zur Seite schieben läßt, wenn man Platz braucht. Feststellbare Rollen machen ihn bei Bedarf zum standfesten Arbeitstisch.

Eine Alternative bietet ein Ausziehtisch, der in verschiedenen Varianten erhältlich ist. Man kann aber auch einen Klapptisch an der Wand anbringen, der durch einen schwenkbaren Fuß abgestützt wird.

Die Küche im Appartement

Immer mehr Bundesbürger leben heute als Single.

4

5

6

Küche unterm Dach

7

8

9

Sie bewohnen Appartements oder auch Zweizimmerwohnungen, die selten eine abgeschlossene Küche aufweisen. In der sogenannten Kochnische sind dann meist dichtgedrängt Spülmaschine, Spüle, Herd und Kühlschrank untergebracht. Dies ist zwar eine platzsparende, aber zumeist eine wenig wohnliche Lösung. Die Kochdünste können sich ungehindert im Raum ausbreiten, außerdem hat man beim Essen die Küchenszenerie mit Töpfen und sonstigen Utensilien im Blick.

6. Hier bietet sich eine Abtrennung an, die in Trockenbauweise aus einem mit Gipskartonplatten verkleideten Ständerwerk gebaut werden kann, wenig Platz beansprucht und gegebenenfalls beim Auszug leicht abzubauen ist. Dabei lassen sich auch Lösungen in Form einer Eßbar oder Durchreiche realisieren.

Die Küche unterm Dach

Zum Problem kann die Einrichtung einer Küche unterm Dach werden, denn die Schräge erweist sich beim Arbeiten als äußerst hinderlich. Sie erlaubt es zudem nicht, eine Dunstabzugshaube, Hängeschränke oder ein Kochendwassergerät zu installieren. Allenfalls der Schräge angepaßte Regale bieten begrenzten Stauraum.

Aus diesem Grund ist es bei Küchen unterm Dach ratsam, die Küchenzeile an der Giebelwand oder sonst anderweitig senkrecht zur Dachschräge anzuordnen.

7.-9. So gewinnt man die nötige, ungehinderte Stehhöhe vor den Arbeitsflächen, kann Hängeschränke und Geräte anbringen und gleichzeitig den Raum aufgliedern. Dabei bietet sich vor allem eine offene Küche mit Durchreiche oder Frühstücksbar an.

Bei solchen Lösungen sollte man vor allem auf eine wirkungsvolle Lüftung achten. Eine Dunstabzugshaube mit ins Freie führender Abluft bereitet unterm Dach kaum Probleme. Ein zusätzliches Fenster ist wünschenswert.

Ergonomie und Ökonomie

Bei der Küchenplanung bieten sich grundsätzlich fünf unterschiedliche funktionelle Grundformen an. Sie unterscheiden sich durch den jeweiligen Platzbedarf.

1. Die kompakteste Küche stellt die **zweizeilige Bauform** dar, bei der Fenster und Tür sich an je einer Stirnseite gegenüberliegen.

Die Mindestbreite einer solchen Küche beträgt 2,40 m. Dieses Maß resultiert aus zweimal 60 cm Tiefe der beiden Schrankzeilen plus einem nach DIN vorgeschriebenen Durchgang von 1,20 m, der ein problemloses Öffnen der Schranktüren zuläßt und zusätzlich den für Sie nötigen Bewegungsraum bietet.

2.-3. Die Mindestbreite von 2,40 m trifft auch auf die in **U- oder G-Form geplanten Küchen** zu. Einzeilige Küchen und solche in L-Form werden in der Regel in große Räume eingeplant, deren Restfläche als Eß- oder Sitzecke genutzt wird. Doch sollte man vor den Schränken auch hier einen etwa 1,20 m breiten Streifen als freien Bewegungsraum einplanen.

4. Die **einzeilige Küche** verlangt mindestens eine Stellfläche von 3,60 m und durchgehend 60 cm Tiefe, die auch an der Tür gegeben sein muß, um funktionsfähig zu sein und die notwendigen Geräte unterzubringen.

Die zweizeilige Küche wirkt zwar unwohnlich, sie bietet dafür aber viel Stellfläche auf kompaktem Raum und erweist sich durch kürzere Wege als günstige Arbeitsküche.

5. Die **L-Küche** erweist sich auch bei Räumen mit ungünstiger Tür- und/oder Fensterposition als

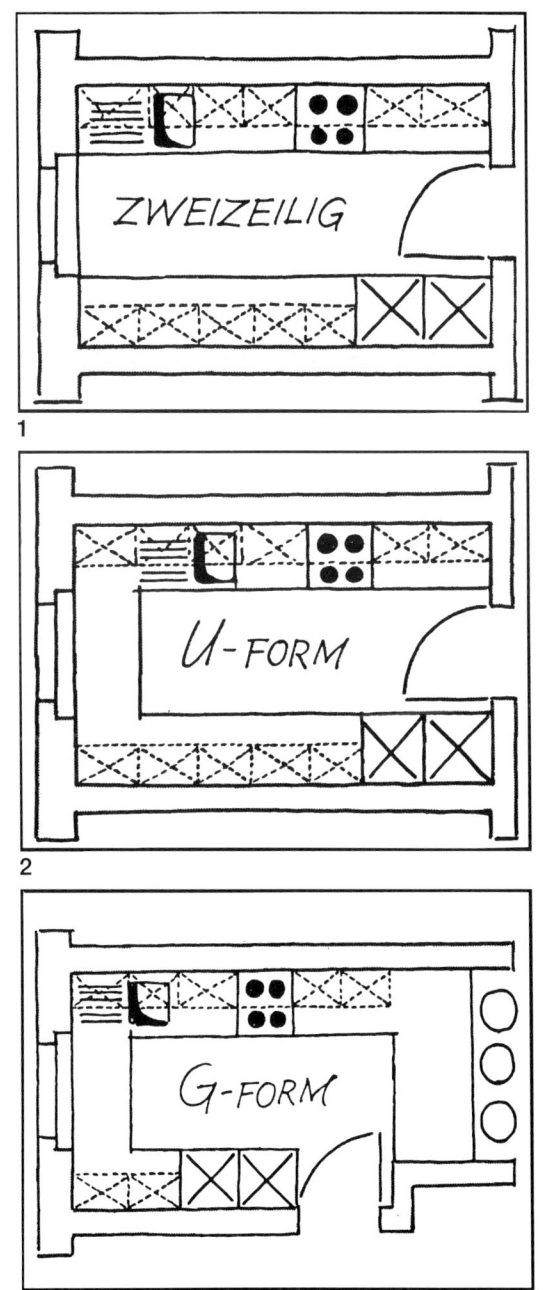

Grundrisse

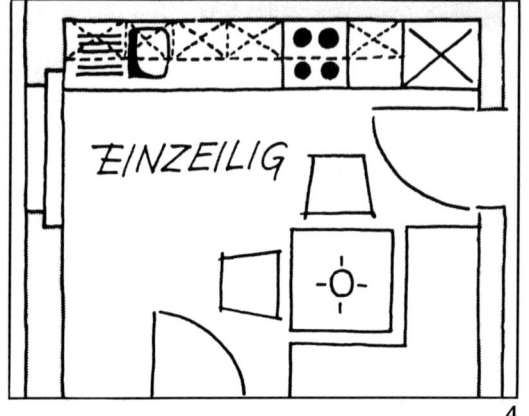

4

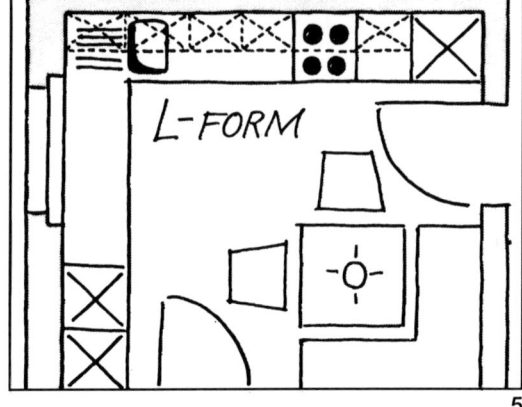

5

Bequeme Sitzhöhen an der Theke

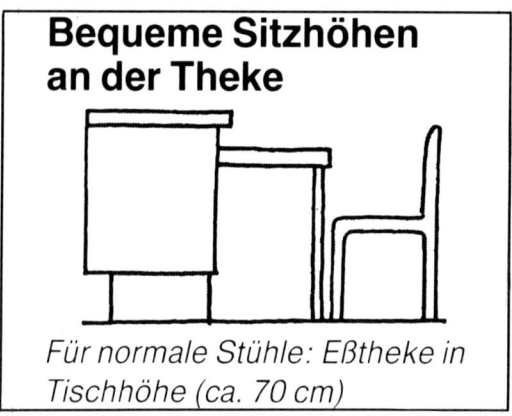

Für normale Stühle: Eßtheke in Tischhöhe (ca. 70 cm)

6

Essen in Arbeitshöhe – „Normalstuhl" auf Podest (ca. 20 cm hoch)

7

brauchbare Lösung. Die Restfläche bietet meist genügend Raum für einen Eßplatz. Auch in schmalen Räumen kann die L-Form sich als gute Lösung erweisen.

Vom Arbeitsablauf in der Küche her gesehen gilt die U-Form als günstigste Lösung. Sie wird meist bei relativ schmalen Küchen gewählt.

Die G-Form ist eine ideale Lösung für große Küchen und erweist sich als besonders komfortabel. Sie wird gern bei offenen Küchen gewählt und bietet dann an einer Querseite eine Eßtheke an. Dadurch ergeben sich kürzeste Wege beim Servieren und Abtragen.

6. Eine solche Eßtheke kann normale Tischhöhe (70 cm) haben oder in Arbeitshöhe (90 cm) angeordnet sein.

Im ersten Fall reichen normalhohe Stühle zum Sitzen, im zweiten braucht man höhere Stühle, falls man es nicht vorzieht, auf der Sitzseite vor der Eßtheke ein etwa 20 cm hohes Podest für die Stühle zu bauen.

Dabei ist aber unbedingt auf eine ausreichende Breite des Podests (mindestens 100 cm) zu achten, damit Sie nicht samt Stuhl abstürzen, wenn Sie den Stuhl einmal verschieben.

Auf die Höhe kommt es an

8

Auf die richtige Arbeitshöhe kommt es an

Rationelle und möglichst ermüdungsfreie Küchenarbeit erfordert nicht nur kurze Wege, sondern auch eine körpergerechte Arbeitshöhe. Diese hängt nicht nur von der individuell unterschiedlichen Körpergröße, sondern auch von den jeweiligen Arbeitsvorgängen ab. Wird hierauf nicht geachtet, kommt es schnell zu Ermüdung und Rückenschmerzen durch falsche Haltung.

7. Die einheitliche Arbeitshöhe von 86 cm gilt längst nicht mehr als das ideale Maß. Die ergonomisch richtig gestaltete Küche weist heute eine Höhenstaffelung auf: Das Richtmaß bei Tischen ist 72 cm, die Arbeitsflächen können dann bis zu 95 cm Höhe reichen.

Im einzelnen ergibt sich folgende Staffelung:

Tischhöhe zum Sitzen	72 cm
Abgesenkte Kochebene	81 cm
Normale Arbeitsflächenhöhe	86 cm
Erhöhte Spülebene	91 cm
Vorbereitungsebene (Stehhöhe)	95 cm

Wer besonders groß oder besonders klein ist, sollte diese durchschnittlichen Maße entsprechend seiner Körpergröße variieren.

Eine Erhöhung ist relativ einfach, wenn man die Möbel auf einen zusätzlichen, flachen Sockel aus Spanplatte stellt. Wenn Sie tiefer sitzen möchten, ist das durch Kürzen des Möbelsockels erreichbar. Falls sich diese Notwendigkeit ergibt, sollte dieser Wunsch beim Möbelkauf angesprochen werden, um sicherzustellen, daß ein Kürzen des Sockels bei der gewählten Küche tatsächlich möglich ist. Am besten läßt man dies dann gleich vom Hersteller durchführen.

8. Wenn die Höhe der Arbeitsplatten variiert werden soll, aber die gewählte Küche dies nicht vorsieht und die Höhenstaffelung durch untergebaute, zusätzliche Sockelkästen bzw. durch Kürzen vorhandener Sockel erreicht werden muß, können möglicherweise nicht ansehnliche Korpusflächen zum Vorschein kommen. Sie lassen sich sehr gut durch aufgeklebte Fliesen verkleiden. Dieser Trick

Küchenpraxis

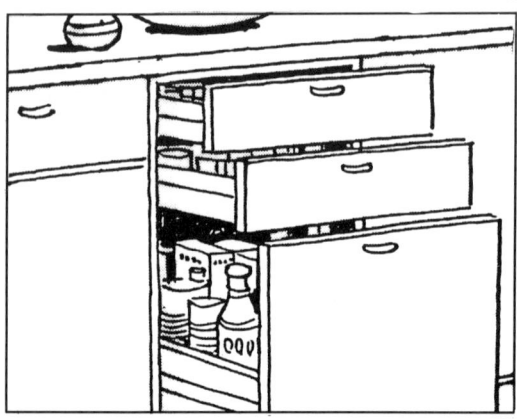

hilft auch, wenn unmittelbar neben dem Herd ein Hochschrank stehen soll und die Strahlungshitze des Herds der angrenzenden Schrankfläche zusetzt.

Richtige Geräteanordnung spart Wege.
Es ist keineswegs gleichgültig, wie die einzelnen Geräte in der Küche angeordnet werden. Da Rechtshänder vorzugsweise von links nach rechts arbeiten, Linkshänder dagegen genau umgekehrt, empfiehlt sich für Rechtshänder diese Reihenfolge: Hochschrank, Kühlschrank, eine etwa 120 cm breite Anricht- und Abstellfläche, Spülmaschine, Spüle, eine 60 bis 90 cm breite Arbeitsfläche, Herd sowie eine mindestens 30 cm breite Abstellfläche für Töpfe und Pfannen. Diese Anordnung erfordert ungefähr 540 cm an Stellfläche.

9. Diese Stellfläche von 540 cm findet man in den meisten Küchen nicht an einer Wand, so daß die Möbelzeile über Eck oder auf zwei parallele Wände verteilt geplant werden muß.

Damit der Arbeitsablauf nicht gestört wird, ist die Abfolge grundsätzlich einzuhalten. In der Ecke kann man sowohl den Herd als auch die Spüle anordnen. Für beide Fälle bietet die Möbelindustrie mit entsprechenden Unterschränken maßgeschneiderte Lösungen an. Als besonders praktisch und zugleich platzsparend erweisen sich hierbei spezielle Eckspülen.

Zur ergonomischen Geräteanordnung gehört auch der richtige Platz für Kühlschrank, Backofen und Mikrowelle. Werden diese in Arbeitsplattenhöhe in einen Hochschrank integriert, brauchen Sie sich nicht so oft zu bücken. Außerdem haben Sie einen besseren Überblick und einen bequemeren Zugriff zu Backofen oder Mikrowelle, wodurch sich die Verbrennungsgefahr deutlich verringert.

Werden Kühl- und Gefrierschrank kombiniert aufgestellt, so sollte der Kühlschrank stets oben angeordnet werden, da er häufiger benutzt wird und Gefrierschränke durch die herausziehbaren Schubkörbe ohnehin leichten Zugriff und gute Übersicht bieten.

10. Auch bei Unterschränken sollten Sie Ausführungen mit Zügen gegenüber Modellen mit Schrankfächern den Vorzug geben.

11. Um Raumecken besser zu nutzen, gibt es Karussellschränke, die den Schrankinhalt auf herausschwenkbaren Böden präsentieren.

Jede Küchenplanung baut auf gewissen Rastermaßen auf: Spülmaschinen, Herde, Kühl- und Gefrierschränke haben üblicherweise eine Breite von 60 cm. Die Küchenmöbel bauen auf Rastermaßen auf, die alle das Teilmaß 60 cm einschließen. Das 10er-Raster weist Korpusbreiten von 20, 30, 40, 50 und 60 cm auf, das 15er-Raster solche von 30, 45, 60, 90 und 120 cm. Außerdem gibt es auch noch ein Mischraster mit den Teilmaßen 20, 30, 45, 50 und 60 cm.

Durch geschickte Rasterkombination läßt sich jeder Küchengrundriß nahezu verlustlos nutzen. Für den Ausgleich dennoch anfallender Lücken an Wandanschlüssen sorgen entsprechende Blenden im Frontendekor der Möbel.

Bei den Oberschränken, die üblicherweise 50 cm über der Arbeitsplatte enden, sorgt eine Höhenstaffelung für eine ebenfalls bestmögliche Raumausnutzung.

Oberschränke können »niedrig« sein; sie weisen dann eine Höhe von 45 bis 56 cm auf. Halbhohe Oberschränke messen 65 cm, deckenhohe 85 bis 110 cm. Um die oberen Fächer zu erreichen, braucht man in der Regel eine Trittstufe oder eine kleine Leiter, die im Sockel oder einem schmalen Fach Platz findet.

Bei hohen Altbauküchen kann sich selbst zwischen an sich deckenhohen Oberschränken ein Freiraum ergeben. Dieser läßt sich mit sogenannten Aufsatzschränken von 33 bis 35 cm Höhe als Stauraum für selten benötigte Dinge nutzen.

Bei Oberschränken gibt es Ausführungen, deren Türen nach oben aufklappbar sind; sie erweisen sich als weniger hinderlich als die direkt nach vorne zu öffnenden.

Zu einer günstigen Raumnutzung kann man aber auch selbst beitragen. So erlauben Türen von Hochschränken, ausreichend tragfähige Scharniere vorausgesetzt, oft die Montage eines Gewürzregals auf der Innenseite der Türen.

Energiesparen

Bei der Küchenplanung und -modernisierung sollten Sie nicht aus Geldgründen am falschen Platz sparen.

Auch in Sachen Energie kann gespart werden, wenn Sie von Haus aus richtig planen. Außerdem: energiesparende Maßnahmen nutzen auf Dauer gesehen nicht nur dem eigenen Geldbeutel, sondern ebenso unserer Umwelt.

12. Die moderne Haustechnik leistet mit wesentlich sparsameren Kühlschränken, Spül- und Waschmaschinen sowie mikroprozessorgesteuerten Durchlauferhitzern bereits einen Beitrag zur Energieeinsparung wie auch zur Verringerung des Wasserverbrauchs.

Wer im Rahmen der Küchenplanung oder Renovierung neue Haushaltsgeräte beschaffen will, sollte Leistung und Energieverbrauch sorgfältig vergleichen, um wirtschaftlich richtig und zugleich umweltbewußt zu entscheiden.

Ebenso können Sie durch vernünftige Planung dazu beitragen, daß möglichst keine Energie vergeudet wird. So sollten Kühlmöbel nie in unmittelbarer Nähe von Wärmequellen aufgestellt werden. Damit verbietet sich die unmittelbare Nachbarschaft von Herd, wärmeabgebendem Geschirrspüler und Heizung zum Kühlschrank von selbst.

Sollte sich aus irgendwelchen Gründen der Zwang ergeben, von dieser Grundregel abzuweichen, ist unbedingt für eine entsprechende Wärmedämmung – zum Beispiel durch eine mindestens 4 cm dicke Mineralfaserplatte – zu sorgen.

Bei einer Stollenküche (vgl. S. 87) reicht die Dämmwirkung der 10 cm dicken Gasbeton-Plansteine aus, um einen Wärmeübergang zu den Kühlmöbeln auszuschließen.

Küchenpraxis

Gasbetonsteine verarbeiten

1

1. Wenn es darum geht, Nischen zu schaffen, einen zentralen Küchenblock zu bauen oder außergewöhnliche Kücheneinrichtungen im Landhausstil selbst zu gestalten, sind Gasbeton-Plansteine ein ebenso vielseitiges wie einfach zu verarbeitendes Material. Man kann die Blöcke nach Profimanier mit dem Maurerhammer oder einem Gipserbeil teilen, sie aber auch mit einem grobzahnigen Sägeblatt sehr maßgenau zurechtsägen.
2. Auch ein elektrischer Fuchsschwanz erweist sich als zuverlässiges, dabei kraftsparendes Werkzeug. Hierbei kommt man leichter zum Ziel, wenn man es beim Einsatz des elektrischen Fuchsschwanzes nicht allein bei der kombinierten Schwing/Pendelbewegung des Sägeblatts bewenden läßt, sondern den ganzen Fuchsschwanz in Sägebewegungen bewegt.

Die Blöcke werden mit versetzten Stößen im Verband verarbeitet und mit dünn aufgezogenem Klebemörtel verbunden.

2

3. Da Gasbeton nur eine begrenzte Druckfestigkeit aufweist, erfordern Befestigungen in diesem Material eine großflächige Lastverteilung durch großkalibrige Gasbetondübel.

Diese besitzen spiralig gewundene Flügel, die sich im Gasbeton flächig abstützen. Die Montage ist einfach: zuerst Montagebohrung im Nenndurchmesser des Dübels bohren. Dabei bleibt das Schlagwerk der Bohrmaschine abgeschaltet. Auf exakte Führung des Bohrers achten, damit die Bohrung nicht verläuft. Anschließend Dübel mit dem Hammer bündig in die Bohrung treiben und Schraube einziehen.

3

Küchenniveau

Podeste bauen

Mit Podesten lassen sich nicht nur interessante Küchengestaltungen realisieren, sondern auch Leitungsprobleme - zum Beispiel bei in der Küchenmitte angeordnetem Küchenblock mit Herd und Spüle - einfach lösen. In beiden Fällen reicht normalerweise eine Niveauanhebung um 20 cm, die mit einer einzigen Stufe zu bewältigen ist.

Bei höheren Podesten macht es sich gut, wenn man anstelle einer schmalen zusätzlichen Trittstufe ein kleines Vorpodest vorsieht, von dem man wiederum über eine nur maximal 20 cm hohe Stufe auf die endgültige Podesthöhe gelangt. So läßt sich optisch wirkungsvoll und zudem auch verkehrssicher eine Höhenstaffelung von 40 cm erreichen.

1. Die Unterkonstruktion eines solchen Podests wird aus Spanplattenstreifen (19 mm dick) hergestellt und bildet ein Rasterfeld. Das Rasterformat sollte bei etwa 25 x 40 cm liegen, wobei die Riegel zweier benachbarter Felder jeweils um eine halbe Feldbreite versetzt werden. Dies erleichtert die Montage und sorgt außerdem für eine gleichmäßigere Abstützung der später aufzuschraubenden Deckplatte.

2. Die Spanplattenstreifen werden unter Leimangabe mit selbstschneidenden Schnellbauschrauben (5 x 60 cm) zu einem stabilen Raster verschraubt. Dabei ist es wichtig, daß die einzelnen Riegelreihen im rechten Winkel stehen und auch eine einheitliche Flucht aufweisen. Nur so ist einigermaßen sichergestellt, daß Sie beim späteren Verschrauben der Deckplatte mit der Unterkonstruktion die Riegel wieder treffen.

Deshalb lohnt sich genaues Arbeiten mit Winkel und Zollstock, obwohl man die gesamte Unterkonstruktion später nicht mehr sieht.

Dort, wo Rohrleitungen durch die Lamellen geführt werden, sollte man die Durchbrüche mit Rücksicht auf den Schallschutz entsprechend großzügig ausschneiden, damit die Rohre nicht an der Konstruktion anliegen und keinen Körperschall übertragen.

3. Die Verankerung am Boden erfolgt mit Stuhlwinkeln oder mit gegen die Lamellen geschraubten Leistenabschnitten, die dann am Fußboden angedübelt werden. Zur Verbesserung des Schallschutzes kann man überall dort, wo die Lamellen auf dem Unterboden aufliegen, vor der Montage Filzstreifen aufkleben.

4

4. Die gesamte Konstruktion wird schließlich mit einer stabilen Spanplatte abgedeckt. Die notwendige Dicke hängt dabei von der Größe und Belastung des Podests ab.

Bei einem kleineren Podest von ungefähr 5 qm Fläche dürfte eine solide 10-mm-Spanplatte reichen; bei größeren Podesten sollte es schon eine 38-mm-Platte sein.

5. In der Regel wird man die Abdeckung nicht in einem Stück aufbringen können. Für die nötige Stabilität des Plattenstoßes sorgt das Nuten der Stoßkanten und das Einleimen eines passenden Sperrholzstreifens.

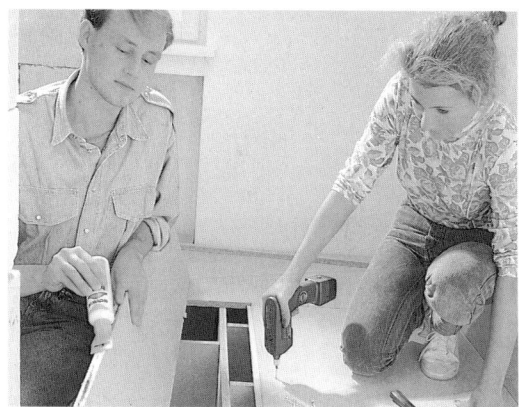

5

Mit gut versenkten Schnellbauschrauben wird die Deckplatte im Abstand von etwa 40 cm auf der Unterkonstruktion fest verschraubt. Am Wandanschluß sollte man ringsum 5 mm Luft lassen und die Fuge später mit einem Dämmstreifen fest ausstopfen.

6. Wenn das Podest mit Teppichboden belegt werden soll, müssen alle Schraubstellen und Stoßfugen sorgfältig verspachtelt werden. Bei einem Fliesenbelag kann dies entfallen. Man sollte aber auf jeden Fall einen flexiblen Pulverkleber für die Verlegung verwenden.

6

Trennwände aus Gipskartonplatten

Wenn es darum geht, einen vorgegebenen Grundriß zu verändern oder im Appartement eine echte räumliche Trennung zwischen Kochnische und Wohnbereich zu schaffen, dann ist eine leichte Trennwandkonstruktion aus Gipskartonplatten eine ebenso praktische wie kostengünstige Lösung. Sie hat zudem den Vorteil, im Notfall auch wieder demontierbar zu sein.

Wichtigste Voraussetzung für ein gutes Gelingen ist eine sorgfältige Planung in Form einer maßstabsgetreuen Zeichnung, aus der alle wichtigen Maße hervorgehen.

Um ganz sicher zu gehen, daß die geplante Raumaufteilung allen praktischen Anforderungen entspricht, sollten Sie zweckmäßigerweise den Verlauf der Trennwand mit Klebestreifen auf dem Fußboden markieren.

Alle leichten Trennwände bedürfen einer Tragkonstruktion. Diese kann aus Holz oder auch aus Metallprofilen bestehen, die seit kurzem auch für Heimwerker angeboten werden. Unser Beispiel zeigt einen Wandaufbau mit einer Unterkonstruktion aus Holz und einer beidseitigen Beplankung aus 10 mm dicken, faserarmierten Gipskartonplatten.

Zuerst wird ein umlaufender Rahmen aus 6 x 6-cm Kanthölzern an Boden, Wänden und Decke angedübelt. Zur Abdichtung wie auch als Schallschutz lagern diese Rahmenhölzer auf einer zuvor auf den Untergrund aufgeklebten Anschlußdichtung.

1. Damit die Trennwand später auch exakt gerade steht, werden die Rahmenhölzer vor der Montage genau lotrecht ausgerichtet.

Trocken ausbauen

2. Erst dann werden die Montagebohrungen eingebracht und die Hölzer mit langen Rahmendübeln verankert. Nageldübel erweisen sich hierbei als besonders praktisch, sofern der Untergrund die nötige Festigkeit besitzt.

3. Da die faserarmierten Gipskartonplatten ein Maß von 150 x 100 cm aufweisen und zur Vermeidung von Kreuzfugen üblicherweise abwechselnd längs und quer verlegt werden, erhalten die Rahmen im Mittenabstand von 50 cm weitere senkrechte Holme im Format 6 x 6 cm. Ein auf 44 cm Länge geschnittenes Abstandsholz erspart beim Einpassen umständliches Messen und dient zugleich als Widerlager, wenn die Ständer durch lange, schräg eingezogene Schrauben mit den Rahmenhölzern verbunden werden.

4

4. Wenn die Trennwand ein Fenster oder eine Durchreiche erhalten soll, muß hierfür ein Rahmen eingezogen werden. Dazu genügen Hölzer im Format 6 x 4 cm vollauf.

5. Der Zuschnitt der Platten bereitet einem halbwegs geschickten Heimwerker wohl kaum Probleme, denn die Platten müssen lediglich auf der Oberseite an der vorgesehenen Trennstelle mit einem scharfen Cuttermesser, das an einer Stahlschiene geführt wird, angeritzt werden; sie lassen sich dann sehr sauber über eine Kante brechen.

5

Zum besseren Verspachteln werden die Bruchkanten mit einem Schleifklotz leicht angeschrägt, bevor die Platten nun mit Schnellbauschrauben auf der Unterkonstruktion verbunden werden.

6. Wenn eine Seite verkleidet ist, kann die Rahmenkonstruktion zur Verbesserung des Schallschutzes mit 40 mm dicken Mineralfaserplatten ausgefacht werden.

Zum Schluß wird die zweite Seite verkleidet. Bevor Sie die fertige Trennwand tapezieren, fliesen, streichen oder einen Putzauftrag anbringen, müssen Sie die Schrauben und Plattenstöße verspachteln.

6

Wenn die Decke zu hoch ist

Eine abgehängte Decke bauen

1

Im Altbau gibt es zuweilen noch so hohe Decken, daß gestalterische Aspekte wie auch die Heizkostenbilanz es geraten erscheinen lassen, eine Zwischendecke einzuziehen. Dies bereitet mit Gipsfaser- bzw. Gipskartonplatten kaum Probleme und bringt auch die Statik nicht ins Wanken.

Auch hier kann die Unterkonstruktion aus Holz oder aus Metallprofilen bestehen.

1. Bei der von Heimwerkern favorisierten Bauweise mit hölzerner Unterkonstruktion werden zunächst abgelagerte Latten mit einem Querschnitt von 6 x 4 cm hochkant, und zwar im Abstand von etwa 80 cm zueinander, mit sogenannten Nonius-Abhängern an der Rohdecke abgehängt.

Es gibt moderne Einschlaganker kommen die mit einer geringen Verankerungstiefe auskommen, so daß sich Probleme mit der stählernen Deckenarmierung meist umgehen lassen. Außerdem kommen solche Anker mit einem nur 8 mm dicken Bohrloch aus.

2

2. Die Abhänger werden dabei so angebracht, daß sie wechselseitig einmal rechts und einmal links einer jeden Latte liegen. Auf diese Weise wird ein unerwünschtes Kippmoment ausgeschlossen. Die Abhänger bestehen aus zwei Teilen, deren einer an der Decke angebracht wird. Der andere wird an der Grundlattung angeschraubt. Beide Teile sind mittig mehrfach gelocht und werden durch Einstecken eines Splints verbunden. Dabei ergibt sich die Möglichkeit, die Abhängung exakt so einzustellen, daß die Lattung genau in der Waage liegt.

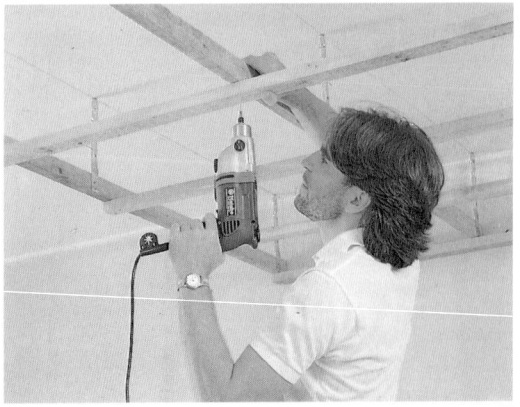

3

Wenn die Decke zu hoch ist

3. Wenn die Grundlattung befestigt und ausgerichtet ist, wird die Traglattung montiert. Diese besteht aus 3x5-cm-Latten, die flach aufliegend im Mittelabstand von 42 cm von unten gegen die Grundlattung geschraubt wird. Nach ihrer Montage sollte man noch einmal mit der Wasserwaage prüfen, ob die Konstruktion planeben ist und in der Waage liegt. Etwaige Abweichungen lassen sich jetzt noch durch Unterkeilen der Traglattung korrigieren.

Sollen Schall- und Wärmeschutz gleichzeitig verbessert werden, erhält die Unterkonstruktion vor dem Beplanken noch eine ringsum an die Wände anschließende Auflage aus sogenannten Mineralfaserplatten. Damit keine Feuchtigkeit in die Dämmung diffundieren kann, sollte in diesem Falle vor dem Verkleiden der Decke eine Folie als Dampfbremse unter die Lattung getackert werden.

4

4. Die fertige Unterkonstruktion wird dann zum Beispiel mit handlichen Ein-Mann-Gipskartonplatten verkleidet.

Diese Platten werden quer zur Laufrichtung der Traglattung untergeschraubt, wobei die Schraubenköpfe gut zu versenken sind. Beim Anschrauben stützt ein Helfer das freie Plattenende am besten mit einem Besen oder einer T-förmigen Stütze ab.

Kreuzfugen sind unter allen Umständen zu vermeiden! Dort, wo Schnittkanten der Platten zusammenstoßen, müssen die Kanten vor Montage der Platten leicht angeschrägt werden, damit sie sich ebenso sauber verspachteln lassen wie die abgerundeten Längskanten der Platten.

5

5. Die verkleidete Decke wird zum Schluß mehrmals im Bereich der Plattenstöße und Schraubstellen gespachtelt und geschliffen, bis sie vollends planeben ist.

6. Nach gründlichem Trocknen wird die Deckenfläche tiefgrundiert und anschließend mit mittelgrober Rauhfaser- oder einer ausdrucksvollen Prägetapete tapeziert.

6

Fliesen verkleben

1

2

3

In eine funktionell und modern eingerichtete Küche gehören auch Fliesen: als pflegeleichte Wandbekleidung zwischen Arbeitsplatte und Hängeschränken, als hygienischer, leicht sauberzuhaltender Bodenbelag oder als Bekleidung der Arbeitsflächen.

Das moderne Dünnbett-Klebeverfahren macht Fliesenkleben zu einer auszuführenden Arbeit, weshalb wir uns in diesem Zusammenhang nur auf einige Besonderheiten beschränken wollen, die mit speziellen Untergründen und ihren Erfordernissen zusammenhängen.

Damit sich ein harmonisches Bild ergibt, sollte man beim Fliesenkleben in der Regel von der Mitte ausgehend zu den Seiten hin arbeiten, so daß sich an den Wandanschlüssen gleich breite Randzuschnitte ergeben. Diese werden stets zum Schluß eingepaßt.

1. Wenn es ums Fliesen des Wandfrieses oberhalb der Arbeitsplatte geht, kann man sich zur Erleichterung der Arbeit eine Anschlagleiste an die Wand heften, von der ausgehend der Wandbelag aufgebaut wird. In Verbindung mit Fugenkreuzen entsteht so problemlos ein gleichmäßiges Fugenbild.

2.-3. Beim Fliesenkleben wird jeweils eine Fläche von 1 bis 1,5 qm mit Fliesenkleber vorgelegt und anschließend Fliese für Fliese in das frische Kleberbett eingebettet. So kommen Sie beim Verlegen nicht in Zeitnot und können sich beim Ausrichten der Fliesen die nötige Zeit lassen, die ein gutes Ergebnis nun einmal erfordert.

Bei der Altbaurenovierung trifft man häufig auf alte

Mit Fliesen verkleiden

Wand- und Bodenfliesen. Sie entsprechen leider nur sehr selten den aktuellen Ansprüchen und sind zudem auch oft beschädigt.

4. Fliesen auf Fliesen kleben macht das sonst mit viel Lärm, Schmutz und Anstrengung verbundene Abschlagen der Altfliesen überflüssig.

Damit es problemlos funktioniert, empfiehlt es sich, die Altfliesen vor dem Überkleben mit einem fettlösenden Haushaltsreiniger gründlich abzuwaschen. Glasiertes Material sollte man mit dem Fliesenhammer anpicken, um die Haftbasis des Klebers zu verbessern.

Vorsicht vor umherfliegenden Glasursplittern! Tragen Sie bei dieser Arbeit unbedingt eine seitlich geschlossene Schutzbrille.

Während man auf unglasierten Altfliesen mit verarbeitungsfertigem Dispersionskleber arbeiten kann, empfiehlt sich für glasierte Altfliesen der Einsatz von Pulverkleber.

Wenn die neue Küche unterm Dach entsteht oder der benötigte Raum durch Leichtbau-Trennwände abgeteilt wird, sind Fliesen unter Umständen auch auf Gipskartonflächen zu verlegen.

Sofern Gipsfaserplatten oder imprägnierte Gipskartonplatten verwendet werden, kann eine Vorbehandlung mit Tiefgrund entfallen. Alle anderen Platten müssen tiefgrundiert werden.

Generell verzichtet werden kann dann allerdings auf das Verspachteln der Stoßfugen und Schrauben der zu fliesenden Gipskartonflächen so daß Sie sich hier etwas Arbeit sparen.

Bei Spanplattenflächen wie auch bei Tischlerstoffen empfiehlt sich die Verwendung eines flexibel eingestellten Pulverklebers, der etwaige leichte Bewegungen des Untergrunds dadurch elastisch auffängt.

Beim Verfliesen von Arbeitsplatten empfiehlt sich generell der Einsatz eines zugleich dichtenden Zweikomponenten-Klebers, mit dem die Fliesenfläche anschließend auch wasserdicht verfugt werden kann.

4

5

6

Fliesen auf Holzdielen

7

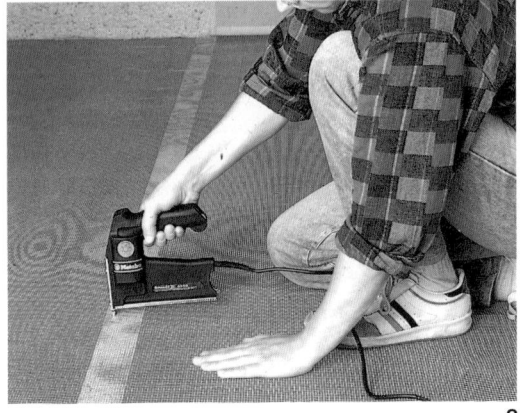

8

9

Letzteres muß natürlich mit einem neuen Kleberansatz erfolgen.

Sollen beschichtete Spanplatten oder Schichtstoffplatten gefliest werden, so sollten auch hier vorzugsweise Zweikomponenten-Kleber eingesetzt werden. Lediglich bei Flächen unter einem Quadratmeter sollte man auf leichter zu verarbeitenden preisgünstigeren Dispersionskleber zurückgreifen.

5. Bodenfliesen werden grundsätzlich mit Pulverkleber verklebt. Dies gilt sowohl für die Erstverklebung auf Estrich als auch für die Verklebung von Fliesen auf Fliesen.

Auch hier wird jeweils eine Teilfläche von etwa 1,5 qm mit Klebemörtel vorgelegt, in die dann die Fliesen nacheinander sorgfältig eingebettet werden.

6. Wenn die Fläche gefliest ist, werden die Randzuschnitte eingepaßt, worauf verfugt werden kann. Zum Reinigen der Oberfläche hat sich reines Weichholzsägemehl als zuverlässige Hilfe erwiesen, da es Feuchtigkeit wie auch die Reste des Fugenmaterials zuverlässig bindet.

Selbst auf alten Holzdielenböden kann man heute erfolgreich feinkeramische Fliesen verlegen. Das Verfahren ist einfach und erfolgssicher, so daß Sie sich auch als vielleicht weniger geübter Heimwerker daranwagen können.

7. Zuerst wird der gereinigte Holzdielenboden vollflächig mit einer Grundierung und an den Rändern mit einer Schaumstoffabdichtung versehen.

8. Als nächstes wird bahnenweise ein Armierungsgewebe aufgebracht und mit Tackerklammern auf dem Dielenboden fixiert. Die einzelnen Bahnen werden dabei etwa eine Handbreit überlappend verlegt.

9. Auf dem so vorbereiteten Dielenboden wird nun eine selbstverlaufende Ausgleichsschicht ausgegossen. Sie bildet eine ebene Fläche, auf der nach dem Abbinden der Fliesenbelag mit einem flexibel eingestellten Pulverkleber verlegt werden kann.

Richtig bohren und dübeln

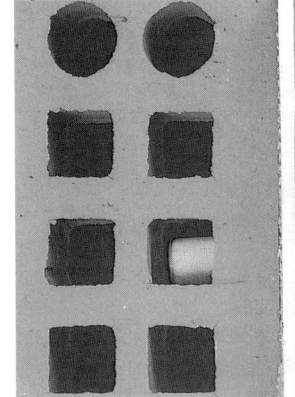
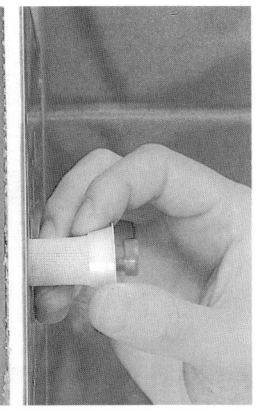

1

Eine umfassende Küchenrenovierung bringt unvermeidlich Befestigungsprobleme mit sich, die sich jedoch mit entsprechenden Dübeln zufriedenstellend lösen lassen.

Als **Faustregel** gilt: je größer der Widerstand beim Bohren, desto zuverlässiger die Verankerungsbasis und problemloser das Dübeln.

Wenn man allerdings nach anfänglich gutem Bohrfortschritt plötzlich auf massiven Widerstand stößt, kann ein Kiesel im Beton oder auch die stählerne Bewehrung von Decke oder Fußboden der Grund sein. Hier hilft nur ausweichen und neu bohren.

Bei Bohrungen im Wandbereich können auch verborgene Leitungen die Ursache für einen Wiederstand sein. Deshalb ist hier besondere Vorsicht geboten, damit nicht versehentlich eine Wasser-, Gas- oder Stromleitung beschädigt wird. Da Leitungen nach Vorschrift üblicherweise im rechten Winkel verlegt werden, ist bei Rohraustritten und Steckdosen jeweils in der Senkrechten und in der Waagrechten erhöhte Vorsicht geboten. Im Altbau sollte man sich aber nicht allzu sehr wundern, wenn auch einmal eine Leitung vorschriftswidrig diagonal verlegt ist.

Ein Metallsuchgerät, mit dem sich die Position metaller Einschlüsse in der Wand orten läßt, kann dazu beitragen, das Bohrrisiko zu verringern. Gerade bei älteren Häusern wird der Renovierer bei Befestigungsaufgaben mit höchst unterschiedlichen Untergründen konfrontiert.

Da gibt es beinhart gebrannte Ziegel, die nur mit dem Bohrhammer zu bezwingen sind und einen

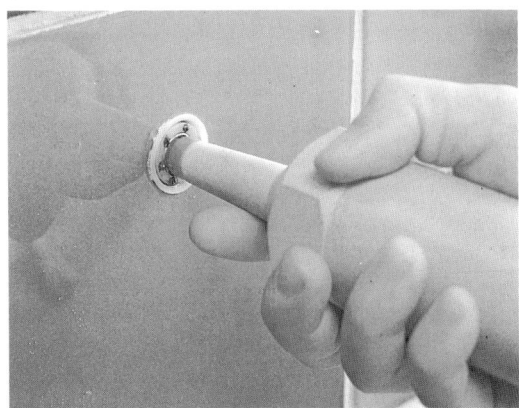

2

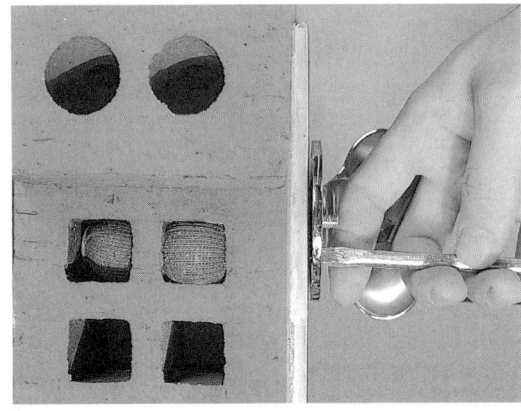

3

Verankerung

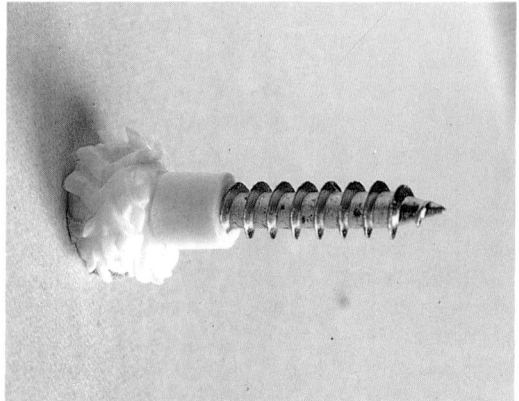

4

 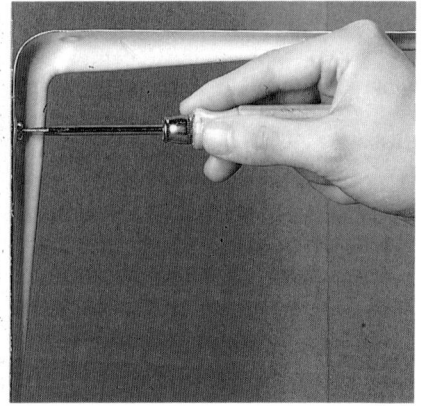

5

6

ausgezeichneten Verankerungsgrund bieten, aber auch Ziegelmauerwerk, das mürbe wie ein Sandkuchen ist und beim Bohren bröckelt und bricht. Um hier Halt zu finden, muß man sich schon etwas einfallen lassen. Eine Möglichkeit ist der Einsatz besonders langer und auch dicker Spreizdübel, die eine großflächige Krafteinleitung zulassen.

1.-3. Eine andere Möglichkeit bieten sogenannte Injektionsanker, die sich auch bei Hohlkammersteinen und wenig druckfesten Wandbaustoffen wie Gips und Gasbeton bewähren. Sie bestehen aus einer Dübelhülse, die von einem elastischen Schlauchgewirk umhüllt ist.

Mit einer speziellen Bohrausstattung wird der Verankerungsgrund konisch ausgebohrt, so daß ein sich nach innen erweiterndes Rohrloch entsteht. Der Injektionsanker wird in diese Bohrung gesteckt, worauf ein schnell abbindender Mörtel durch den Dübelhals eingepreßt wird. Hierdurch wird die Umhüllung des Dübels aufgebläht und ein inniger Formschluß mit der Bohrung sichergestellt. So wird die auftretende Belastung großflächig verteilt und eine relativ hoch belastbare Verankerung erzielt.

4.-6. Eine großflächige Lastverteilung ist auch bei Montagen an leichten Trennwänden aus Gipskarton- und Gipsfaserplatten notwendig. Hier helfen Spezialdübel aus Kunststoff oder Metall, die beim Anziehen der Montageschraube eine Art Knoten bilden oder durch Knickung für eine großflächige Abstützung auf der Plattenrückseite sorgen.

Wenn es notwendig ist, relativ schwere Traglasten an Vorsatzschalen oder Trennwänden aus Gipskartonplatten zu verankern, so empfiehlt es sich, innerhalb des Ständerwerks entsprechend massive Querriegel vorzusehen.

Auch der Einsatz der neuen 20 mm dicken Ausbauplatten bietet gegenüber nur 10 mm dicken Platten höhere Haltekräfte bei gleichzeitig (ebenfalls

Verankerung

Grundkurse

durch die höhere Masse) verbessertem Schallschutz.

7. Häufig kommt es beim Bohren vor, daß der Bohrer eine zeitlang Widerstand findet, dann ins Leere stößt, um kurz darauf wieder auf festes Material zu stoßen. In solchen Fällen hat man es mit Gitter-, Lochziegeln oder Lochsteinen zu tun. Hier sorgen extra lange Dübel mit einer entsprechend ausgebildeten langen Verankerungszone für den nötigen Halt.

Damit die Stege im Inneren des Mauerwerks beim Bohren nicht zerstört werden und somit für die notwendige Verankerung erhalten bleiben, sollte man entsprechend vorsichtig bohren und versuchen, mit abgeschaltetem Schlagwerk im Drehgang zum Ziel zu kommen.

Beim Aufmöbeln älterer Küchenmöbel stößt man ebenfalls häufig auf Verankerungsprobleme, weil die Schraubenlöcher der Beschläge ausgerissen sind. Hier wie auch in anderen Fällen, in denen es um eine sichere Verankerung in neuen Bauteilen aus Spanplatte geht, sind Messingspreizpatronen eine zuverlässige Lösung.

Sie bestehen aus einer außen mit waagrechten Rippen versehenen, kreuzförmig geschlitzten Messinghülse mit Innengewinde und werden mit einigen leichten Hammerschlägen in eine entsprechende Bohrung getrieben. Beim Eindrehen der zugehörigen Gewindeschraube spreizt sich die Messingpatrone, deren Rippen sich im Spanplattenmaterial verankern und die Belastung großflächig verteilen, so daß ein Ausreißen verhindert wird. Häufig erlaubt der Einsatz von Messingspreizpatronen sogar die Sanierung bereits ausgerissener Bohrungen.

8. Ein Tip zum sicheren Fliesenbohren: Fliesenbruch durch Bohren läßt sich zuverlässig vermeiden, wenn man scharfe, auf Schnitt geschliffene Hartmetallbohrer im Drehgang einsetzt und erst nach Durchbohren der Fliese auf Schlagbohren umschaltet.

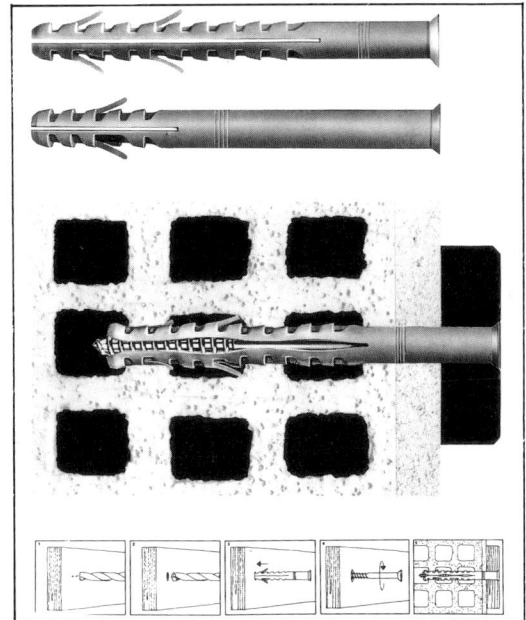

7

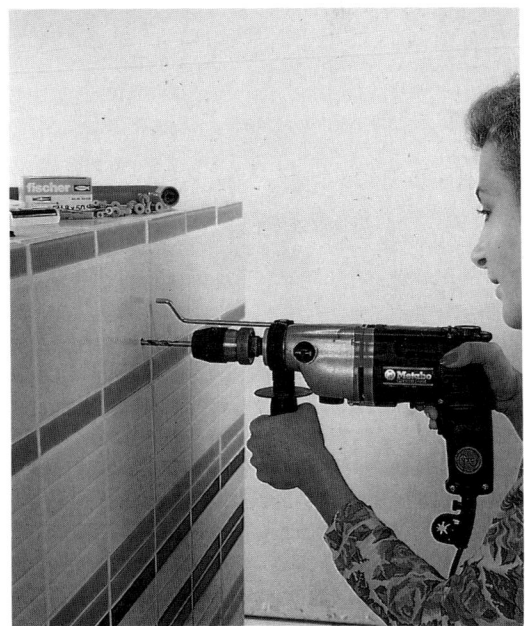

8

Elastische Fugen

Sanitär- und Anschlußfugen versiegeln

Nicht nur aus optischen Gründen kommt der fachgerechten Versiegelung von Sanitär- und Anschlußfugen eine wichtige Bedeutung zu. Die Versiegelung muß vor allem die an sie gestellten technischen Anforderungen kompromißlos erfüllen.

1.-2. Sanitärfugen müssen in erster Linie dicht sein, damit kein Wasser eindringen kann. Anschlußfugen sollen außerdem in der Lage sein, Bewegungen verschiedener Untergründe elastisch aufzufangen und so Rißbildungen zu vermeiden.

Damit diese Forderung erfüllt werden kann, muß eine echte Fuge bestehen. Die eingebrachte dauerelastische Verfugung darf lediglich an ihren Flanken am Untergrund haften. Nur so bleibt sie elastisch ohne zu reißen.

Wichtig für eine erfolgreiche dauerelastische Verfugung ist auch, daß die Fugenränder sauber und fettfrei sind.

Um eine saubere Fugenkontur zu erhalten, wird der Fugenbereich in der Breite der gewünschten Versiegelung beidseitig mit selbstklebendem Kreppband abgeklebt.

Die Breite des Fugenstrangs läßt sich durch entsprechendes schräges Anschneiden der Spritztülle vorbestimmen. Sie wird langsam, gleichmäßig und vor allem ohne abzusetzen unter leichten Pumpbewegungen der Auspreßpistole entlang der Abklebung geführt.

Der so aufgebrachte Strang wird mit der mit Seifenwasser befeuchteten Fingerkuppe vorgeglättet. Anschließend ziehen Sie die Abklebung ab und glätten die Masse noch einmal mit dem mit Seifenwasser befeuchteten Finger nach.

Compact Heimwerker-Infothek

Modernes Praxiswissen für erfolgreiches Heimwerken

**Compact Praxis
»do it yourself«**
Materialkunde, Grundkurse und Schritt-für-Schritt-Anleitungen von einfach bis perfekt.
Jeder Band mit 96 S., über 250 Abb.,
nur 19,80 DM

Compact Heimwerkerbibliothek
Mit Profitechnik leicht gemacht. Alles über Materialien, Geräte und Grundtechniken.
Jeder Band mit 64 S., über 100 Abb., Spiralbindung,
nur 9,95 DM

Compact Schnellkurs
Kleine und große Probleme schnell und perfekt beseitigt.
Jeder Band mit 32 S., über 100 Abb.,
nur 6,95 DM

Fordern Sie den neuen Prospekt mit allen lieferbaren Titeln an:

Compact Verlag GmbH
Züricher Straße 29
81476 München
Tel.: (0 89) 74 51 61-0
Fax: (0 89) 75 60 95

Bauernküche

Bauernküche

Minimallösung: Umgestaltung der Küche

Material
Steinzeugfliesen, Fliesenkleber, Fliesenlegerkreuze, Fugenmörtel, Keramikspüle, Sanitärfugendichter, Sprühlack, Abklebeband, Dekorbilder, Tapeten, Kleister, Dispersionslack.

Werkzeug

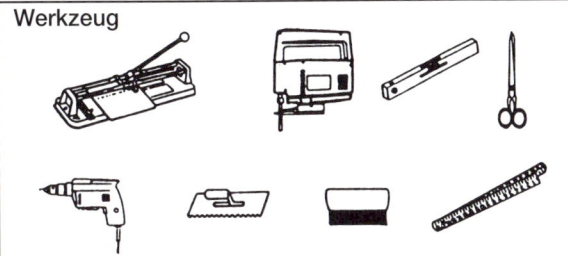
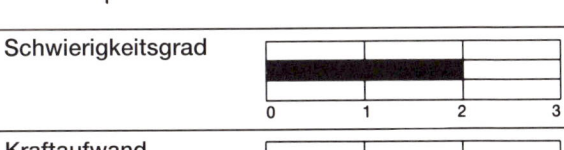

Schwierigkeitsgrad

| | 0 | 1 | 2 | 3 |

Kraftaufwand

| | 0 | 1 | 2 | 3 |

Arbeitszeit
Für die Modernisierung sollten Sie je nach Raumgröße etwa 25 bis 35 Stunden rechnen.

Ersparnis
Durch Eigenleistung sparen Sie zwischen 1250 und 1800 DM.

Arbeitsanleitungen

1

2

Aus alt mach neu

3

4

5

Manchmal geht es gar nicht darum, die ganze Küche von Grund auf zu erneuern. Oft hat man sich am Gewohnten einfach nur leidgesehen und möchte mal etwas anderes - statt der coolen, weißen Kunststoffküche vielleicht eine gemütliche Küche im Bauernlook. Dazu muß man die alte Küche keineswegs hinauswerfen, mit etwas Geschick und ein paar guten Ideen kann man die vorhandene Küche einfach verwandeln, wie es unser Beispiel zeigt.

1.-2. Ausgangspunkt unserer Küchenverwandlung war eine schlichte weiße Kunststoffküche. Neben den Möbeln sollte auch ihr Umfeld rustikal verwandelt werden. Dazu wurden die Küchenwände bis zur Höhe der Oberschränke mit lederbraunen, leicht geflammten unglasierten Steinzeugfliesen im Format 15 x 15 cm gefliest.

3.-5. Für den Boden wurde das gleiche Material im Format 25 x 25 gewählt. Eine braun-weiße Karotapete im Landhauslook und grün gestrichene Fenster unterstreichen die gemütlich rustikale Note. Entsprechend mußten auch die Möbel verwandelt werden. Zuerst wurden die alten Arbeitsplatten entfernt und durch phenolgebundene, feuchtigkeitsbeständige Spanplattenzuschnitte ersetzt. Die gleichen Fliesen, die auch den Wandbelag bilden, wurden anschließend mit Zweikomponenten-Kleber auf die Arbeitsplatten aufgeklebt und auch mit diesem Material verfugt.

6. Eine in einen entsprechenden Ausschnitt eingepaßte Keramikspüle ersetzt die alte Edelstahlspüle und fügt sich in ihrem warmen Milchkaffeeton perfekt in das wohnlich warm geprägte Landhaus-Ambiente.

7. Das kühle Weiß der Schrankfronten läßt sich mit braunem Acryllack wirkungsvoll verwandeln. Hierzu werden mit Packpapier und schwach gekrepptem Klebeband quadratische Rahmenspiegel abgeklebt. Auf die mit 600er Naßschleifpapier leicht angerauhten freigebliebenen Flächen wird nun kaffeebrauner Lack aufgetragen. Dabei ist mehrmaliges dünnes Sprühen mit entsprechenden Trocknungsphasen einem einmaligen, dickschichtigen Auftrag vorzuziehen.

Diese Technik verhindert nicht nur häßliche Läufer, sondern ergibt auch ein schöneres und haltbareres Ergebnis. Beim Sprühen ist auf gute Lüftung zu achten und außerdem die Umgebung großflächig abzudecken, damit sich der Sprühnebel nicht auf anderen als den zu lackierenden Flächen niederschlägt.

Wenn der Lack anzuziehen beginnt, wird die Abklebung vorsichtig entfernt, um anschließend die weiß gebliebenen Spiegelflächen der Schranktüren zu dekorieren.

Wer sich auf Bauernmalerei versteht, kann diese nach im Fachhandel erhältlichen Vorlagen selbst von Hand aufmalen. Hierzu eignen sich zum Beispiel matt auftrocknende Abtön- und Volltonfarben oder seidenmatte wasserhaltige Acryllacke besonders gut. Wichtig für eine gute Haftung der Farben ist gründliches Entfetten der Schrank- und leichtes Mattieren der Kunststoffoberflächen mit Schleifvlies oder feinstem Schleifpapier.

Wer kein geübter Freizeitmaler ist, hält sich am besten an großformatige Abziehbilder, die es in einer Reihe schöner Bauernmalerei-Motive in den Hobby-Abteilungen der Heimwerkergeschäfte gibt.

6

8. Die Motive werden in handwarmem Wasser eingeweicht und vom Trägerpapier vorsichtig auf die zu dekorierenden Flächen übertragen. Sie werden mittig in die weißen Türflächen gesetzt und von der Motivmitte zu den Rändern hin mit einem weichen, nicht flusenden Tuch angerieben.

Nach ein bis zwei Tagen Trocknungszeit kann das Motiv mit einem matten Lichtschutzlack haltbar gemacht werden.

Dabei ist unbedingt ein Klarlack mit milden Lösungsmitteln zu verwenden, da sonst das Abziehbild chemisch angegriffen wird und aufquillt. Im Zweifelsfall gibt ein Test Aufschluß.

7

8

Die Altbauküche in neuem Glanz

Vorsatzschale bauen

Altbauküche im neuen Gewand und mit Eßplatz

Material
Kanthölzer, Rahmendübel, Gipskartonplatten, Dämmmaterial, Schrauben, Fugenspachtel, Tiefgrund, Steinzeug-Mosaik, Dispersions-, Pulver-, Zweikomponenten-Kleber, Fliesenlegerkreuze, Glasfasertapete, Kleber, Farbe, Lack, Klebeband, Sanitärfugendichter, Schleifpapier.

Werkzeug

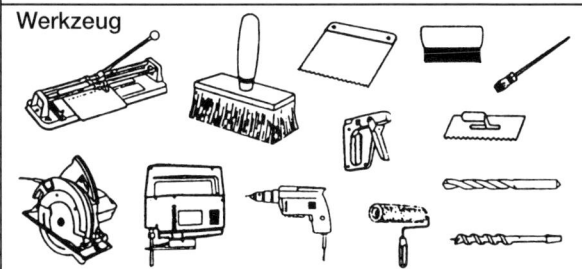

Schwierigkeitsgrad 0 1 2 3

Kraftaufwand 0 1 2 3

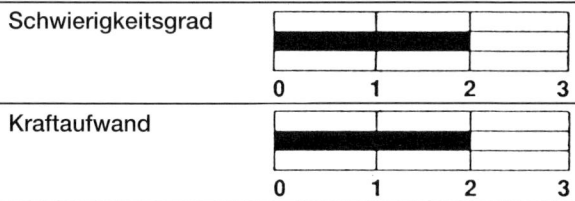

Arbeitszeit
Je nach Raumgröße benötigen Sie zwischen 80 und 100 Stunden.

Ersparnis
Sie sparen durch Ihre Arbeit rund 3000 bis 4000 DM.

1

2

3

Arbeitsanleitungen

Vorsatzschale verkleiden

4

5

6

Oft steht von Anfang an der Wunsch fest, daß eine neue Kücheneinrichtung beschafft werden soll. Im Zeichen dieser nicht unerheblichen Investition geht es dann häufig darum, die allgemeine Küchenrenovierung möglichst weitgehend in eigener Regie durchzuführen, um Geld zu sparen.

1. In unserem Beispiel sollte in ein von Grund auf zu renovierendes altes Haus eine neue Küche eingebaut werden. Die zum Teil noch auf den Wänden liegenden Leitungen und der schadhafte Putz an Wänden und Decken machten einen erheblichen Renovierungsaufwand notwendig.

2. Angesichts der schlechten Qualität der Wände und der neu zu verlegenden Leitungen entschied sich unser Paar, die alten Wände gänzlich hinter einer Vorsatzschale aus Gipskartonplatten verschwinden zu lassen.

Nachdem Elektriker und Sanitärinstallateur die entsprechenden neuen Leitungen verlegt haben, wird zunächst die Unterkonstruktion aus 6-cm-Kanthölzern mit 120 mm langen Rahmendübeln an die Wände gedübelt.

Die Hohlräume werden anschließend mit Randleistenmatten ausgefacht, deren Alukaschierung zugleich als Dampfsperre dient.

3. Anschließend wird die gesamte Konstruktion mit Ein-Mann-Gipskartonplatten verkleidet, die mit automatisch versenkenden Schnellbauschrauben auf der Unterkonstruktion verschraubt werden müssen.

4. Schraubenköpfe und Stoßfugen sind dann sauber glattzuspachteln. Nach dem Trocknen schleifen Sie die Spachtelung, spachteln nochmals nach und schleifen wiederum. Mit dem Tiefgrundieren bereiten Sie so das Ganze für das folgende Tapezieren und Fliesenkleben vor. Hierbei sollte lösungsmittelfreier Tiefgrund zum Einsatz kommen, der nicht nur umweltfreundlich ist, sondern auch kaum riecht und keine Brand- und Verpuffungsgefahren mit sich bringt.

5. Der gesamte Sockelbereich bis zur Höhe der

Restflächen tapezieren und streichen

Unterschränke ist mit kandisfarbigem, geflammtem, glasiertem Steinzeugmosaik im Format 7,5 x 7,5 cm gefliest. Dieses Mittelformat bietet bei Rohraustritten und Steckdosen Vorteile, weil sich bei diesem Maß die entsprechenden Aussparungen leichter ausarbeiten lassen.

6. Die gefliesten Flächen werden anschließend Ton in Ton beige verfugt, wodurch das Fliesenraster optisch etwas zurückgedrängt wird und die Flächen etwas ruhiger wirken. Mit dem gleichen Material fliesen Sie im durchlaufenden Fugenschnitt auch den Fußboden.

Der Zustand der nicht durch eine Vorsatzschale verkleideten Wandfläche wie auch der Decke bereitet wegen großflächiger Netzrisse erhebliche Probleme, die durch das Tapezieren mit einer zugfesten Glasfasertapete dauerhaft gelöst werden können.

7. Die Bahnen werden auf ein mit dem Zahnspachtel direkt aufgezogenes Kleberbett eingelegt; zuvor wird noch tiefgrundierter Putz aufgetragen. Dann sind die Bahnen mit einer Gummiwalze blasenfrei von der Mitte zu den Seiten hin anzudrücken.

7

8. Nach Abbinden des Klebers werden die tapezierten Flächen mit einer nicht füllenden Reinacrylat-Dispersionsfarbe überrollt. So kommt die textile Struktur des Glasfasergewebes ausdrucksvoll zur Geltung.

8

9. Nach Einbau der Möbel durch die Lieferfirma werden noch die Arbeitsplatten gefliest. Hierbei verwenden Sie das gleiche Mittelmosaik wie an den Wänden und auf dem Fußboden.

Zum Aufkleben wie auch zum Verfugen benutzen Sie einen zweikomponentigen Fliesenkleber, der die Arbeitsplatte zugleich wasserdicht macht und für fleckunempfindliche, pflegeleichte Fugen sorgt. Auch beim Fliesen der Arbeitsplatte sollten Sie auf den durchgehenden Fugenschnitt achten, damit sich die Fugen der Wandfliesen exakt im Arbeitsplattenbelag fortsetzen.

9

Arbeitsplatten verfugen

10.

10. Beim Verfugen muß darauf geachtet werden, daß überschüssiges Fugenmaterial rechtzeitig vor dem Abbinden von der Fliesenoberfläche abgewaschen wird, da es, einmal ausgehärtet, später nicht mehr zu entfernen ist. Gerade anhärtendes Material läßt sich noch mit einigem Kraftaufwand mit einem Schleifschwamm abtragen.

Zum Schluß ist noch die alte Kassettentür zu renovieren. Zuerst bekommt die Tür ein neues Schloß und neu befestigte Beschläge, die zunächst für eine einwandfreie Funktion sorgen, ehe die farbliche Gestaltung in Angriff genommen wird.

Um die schöne, alte Tür richtig zur Geltung zu bringen, entschieden sich unsere Renovierer für eine zweifarbige Lackierung in einem warmen Kakaobraun, mit dem Zarge und Kassettenfelder ausgelegt wurden, und einem hellen Milchkaffeeton, der die Farbstimmung der Fliesen und der Keramikspüle aufnimmt.

11. Vor dem Anstrich mit umweltfreundlichem, wasserhaltigem Dispersionslack wird die Tür gründlich angeschliffen, gespachtelt und nochmals geschliffen. Beim Streichen werden zuerst die hellen Flächen lackiert. Nach gründlichem Trocknen folgen dann die dunkleren Flächen. Abkleben erübrigt sich bei Verwendung von Dispersionslack, da sich etwaige Ausrutscher mit einem feuchten Tuch spurlos beseitigen lassen. Wer allerdings keine ruhige Hand zum Beschneiden der Farbgrenzen besitzt, sollte dennoch auf die bewährte Methode des Abklebens zurückgreifen.

Zum Streichen verwendet man am besten einen Flachpinsel mit gesplissten oder gerillten Borsten. Ein solcher sogenannter Lasurenpinsel sorgt für einen guten Verlauf des Dispersionslackes.

Nach Vollendung der Anstricharbeiten präsentiert sich die einst triste Altbauküche als gemütlich und zugleich funktionelle Wohnküche, die durch Einsatz eigener Arbeit kostengünstig realisiert werden konnte (vgl. Abb. S. 82).

11.

Möbel aus Gasbeton

Landhausküche mit gemauerten Möbeln

Material
Steinzeugfliesen, Dispersions-, Pulverkleber, Fugenmörtel, Gasbeton-Plansteine, Gasbetondübel, Tiefgrund, Landhausputz, Spanplatte, Holzleim, Lackspachtel, Zweikomponenten-Spachtel, Lack, Gewebeband.

Werkzeug

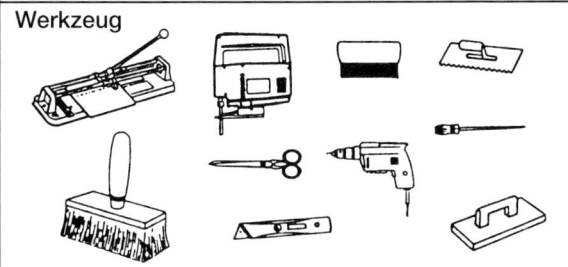

Schwierigkeitsgrad

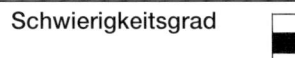

Kraftaufwand

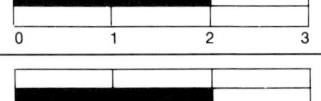

Arbeitszeit
Je nach Raumgröße und Umfang sollten Sie mit einem Zeitaufwand von 50 bis 60 Stunden rechnen.

Ersparnis
Durch Eigenleistung lassen sich 2500 bis 3000 DM einsparen.

1

2

3

Arbeitsanleitungen

Möbel aus Gasbeton

1. Wer sich zum erstenmal einrichtet, stößt bekanntlich bald auf seine finanziellen Grenzen. Der Kauf einer kompletten Kücheneinrichtung ist dann oft im Budget nicht mehr enthalten.

Da hilft nur noch Eigenhilfe. So können Sie beispielsweise. auf ganz »normale« Küchenmöbel verzichten und sich anderweitig behelfen. Bauen Sie sich eine rustikale Landhausküche. Hierbei können Sie den notwendigen Stauraum durch aufgemauerte Gasbetonsäulen mit dazwischen angeordneten Fachböden gewinnen. Selbstgebaute Türen, die zwischen die Stollen gesetzt werden, sorgen für einen Abschluß. Die Türen werden aus Spanplattenzuschnitten mit aufgesetzten Leistenrahmen angefertigt.

Anstelle dieser können Sie natürlich auch die im Handel erhältlichen Lamellentüren verwenden, die dann nur noch zu lackieren sind.

2. Wie bei jeder Küchenplanung kommt es auch bei der Landhausküche aus Gasbeton auf eine sorgfältige Vorbereitung an. Um eine zuverlässige Übersicht über die Platzverhältnisse und die Positionen der Säulen zu bekommen, sollte der Grundriß am besten mit Kreppband auf dem Fußboden markiert werden. Damit erspart man sich zugleich beim späteren Aufmauern der Säulen umständliches Messen.

3. Oberhalb der Arbeitsplatte wird die Landhausküche praktischerweise gefliest. Eine an die Wand geheftete, gerade Latte dient beim Fliesenlegen als unterer Anschlag, der in Verbindung mit Fliesenlegerkreuzen mühelos zu einem harmonischen Fugenbild führt.

4. Passend zu den Wandfliesen im Delfter Stil wird der Küchenboden mit glasiertem Diamantmosaik gefliest, das durch seinen relativ hohen Fugenanteil auch bei Nässe eine gute Trittsicherheit bietet.

5. Die Gasbetonsäulen werden im geplanten Abstand mit Fliesenkleber aufgemauert, wobei versetzte Fugen für einen haltbaren Verband sorgen. Wenn der Kleber abgebunden hat, werden etwaige

Möbel aus Gasbeton

Ausbruchstellen beigespachtelt und die Säulen tiefgrundiert.

6.-7. Zur Verankerung der Bodenträger und der Türscharniere dienen Gasbetondübel, die mit leichten Hammerschlägen bündig in die vorbereiteten Bohrungen getrieben werden. Auf die gleiche Weise wird auch für eine solide Verankerung der Arbeitsplatte gesorgt.

Die gemauerten Säulen lassen sich auf höchst unterschiedliche Art und Weise gestalten. Sie können sie z. B. mit Fliesen verkleiden, wobei offen bleibende Fugen die Möglichkeit bieten, auf Maß zugeschnittene Drahtglasplatten einzuschieben. Eine Alternative dazu: Sie bauen zur Stabilisierung vorne abgekantete Edelstahlbleche als Fachböden ein, die sehr pflegeleicht sind. In unserem Beispiel wird passend zum Stil der Küche ein mittelgrober Landhausputz gewählt, mit dem auch die übrigen Wandflächen gestaltet werden.

7

8. Das einfach zu verarbeitende Material ziehen Sie von unten nach oben auf die zu beschichtenden Flächen auf. Dabei sorgen grobkörnige Bestandteile für eine gleichmäßige Beschichtungsdicke. Die mit Landhausputz abgezogene Fläche wird anschließend sofort mit einem Kunststoff-Reibebrett strukturiert, wobei die grobkörnigen Bestandteile beim Reiben automatisch eine dekorative Struktur erzeugen.

8

Je nachdem, ob man linear oder kreisförmig reibt, ergibt sich ein ganz spezielles Putzbild. Aus Gründen der Sauberhaltung sollten Sie für Küchen keine allzu groben Putze verwenden, da sich in größeren Vertiefungen leicht Schmutz festsetzen kann.

Die Staufächer können Sie dem rustikalen Stil entsprechend offenlassen, wenn Sie beispielsweise massive, lasierte Eichenholzböden zwischen die Stollen setzen.

Damit Töpfe, Pfannen und sonstige Kochutensilien nicht so sehr verstauben, ist jedoch ein vorderer Abschluß vorzuziehen.

9

Möbel aus Gasbeton

10

11

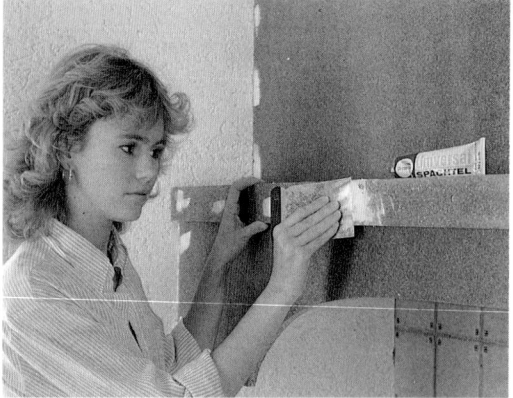

12

9. Er besteht hier aus einfachen rechteckigen Spanplattenzuschnitten, die durch aufgeleimte, auf Gehrung geschnittene Rahmenteile an den Außenkanten aufgedoppelt werden.

10.-11. Den Raum oberhalb der Arbeitsflächen können Sie bei einer Küche dieses Stils mit lackierten Regalen als zusätzlichen Stauraum nutzen. Wenn allerdings nicht so viele Dinge unterzubringen sind, macht sich ein imitierter Rauchfang sehr gut. Er wird aus Spanplattenzuschnitten zusammengebaut und an gegen die Wände gedübelten Halteleisten verschraubt.

Alle Spanplattenteile sollten mit Rücksicht auf das feuchtwarme Küchenklima sehr sorgfältig oberflächenbehandelt werden. So empfiehlt es sich, alle Schnittkanten mit Epoxidspachtel abzuziehen, wie er auch zum Versiegeln der Schnittkanten von Fertigfensterbänken aus Spanholz benutzt wird. Diesen schleifen Sie nach dem Erhärten plan, und zwar bevor die Spanplattenteile mit Grundieröl vorbehandelt werden.

12.-13. Vor dem nächsten Arbeitsgang müssen alle Fehlstellen sorgfältig mit Lackspachtel geglättet und beigeschliffen werden. Erst dann können Sie alle Flächen mit Vorstrichfarbe weiß vorstreichen.

14. Die Endlackierung erfolgt mit hochwiderstandsfähigem Alkydlack, der hier passend zu den blauweißen Fliesen und dem weißen Landhausputz ebenfalls in Blau und Weiß gewählt wird. Als noch widerstandsfähiger erweist sich eine Lackierung mit zweikomponentigem Polyurethanlack – auch DD-Lack genannt. Solche Lacke werden auch zum Beispiel bei Bootslackierungen eingesetzt und sind im Farben- und Boots-Fachhandel in einer breiten Farbpalette erhältlich. Die Verarbeitungszeit solcher Lacke läßt sich durch Kühlen strecken.

15. Zur Verschönerung kann man die Türen zusätzlich weiß absetzen. Dies läßt sich nach entsprechendem Abkleben in einem zusätzlichen Lackiergang mit Lack und Pinsel erreichen. Man kann aber auch den Zierstreifen mit selbstkleben-

Möbel aus Gasbeton

dem, weißem oder auch hellblauem Gewebeband aufkleben. Dabei muß das Band in den Ecken auf Gehrung geschnitten werden.

Dies gelingt auf einfache Weise, indem man das Band zunächst voll überlappend aufklebt und dann mit einem sehr scharfen Cuttermesser oder einer starken Rasierklinge entlang einem Stahllineal diagonal durchtrennt. Nach Abziehen der doppelt liegenden Bandteile ergibt sich so ein sehr sauberer Nahtstoß.

Das Stollensystem erlaubt es übrigens, sowohl echte Einbaugeräte als auch einen möglicherweise vorhandenen Herd und Kühlschrank zwischen den Stollen zu integrieren. Dabei kann die Kühlschranktür den übrigen Türen farblich angeglichen werden oder auch hinter einer vorgesetzten zusätzlichen Tür versteckt werden. Im Fachhandel erhältliche Teleskopbeschläge ermöglichen es, Blend- und Kühlschranktür gleichzeitig zu öffnen.

Die selbstgebaute Landhausküche läßt sich praktisch jedem Raumgrundriß anpassen, zumal sie, außer bei den Elektrogeräten, an keine Rastermaße gebunden ist. So läßt sich der vorhandene Raum praktisch lückenlos ausnutzen. Nachteilig bei diesem System ist allerdings der unvermeidliche Raumverlust infolge der großen Stollendicke von 10 cm.

Bei beengten Raumverhältnissen läßt sich die Stollenbreite verringern, wenn Sie anstelle von 10 cm breiten Gasbeton-Plansteinen eine einfache Rahmenkonstruktion aus 3 x 5-cm-Dachlatten verwenden, die beidseitig mit 13 mm dicken Spanplattenzuschnitten verkleidet wird. Dadurch verringert sich das Stollenmaß auf 56 mm. Die Befestigung der Stollen erfolgt in diesem Fall mit langen Rahmendübeln im Durchsteckverfahren, wobei die Stollen sowohl am Boden als auch an der Wand zu verankern sind. Die Montage erfolgt bei zunächst erst einseitig beplankten Stollen. Nach dem Andübeln wird dann die jeweils offengebliebene Seite beplankt.

13

14

15

Altbauküche modernisiert

Arbeitsküche mit erhöhtem Sitzplatz

Material
Mosaik- und Bodenfliesen, Dispersions-, Pulverkleber, Fugenmörtel, Latten 6x4 und 3x5 cm, Ein-Mann-Gipskartonplatten, Fugenspachtel, Tiefgrund, Laschenanker, Nonius-Abhänger, Schrauben, Spanplatte 16 und 19 mm, Stuhlwinkel, Nylondübel, Teppichboden, Lack und Primer Additiv VKF, Klebeband, Schmelzkleber.

Werkzeug

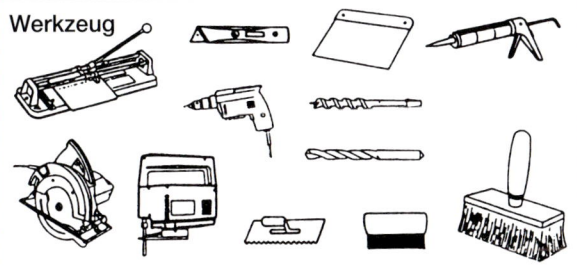

Schwierigkeitsgrad

Kraftaufwand

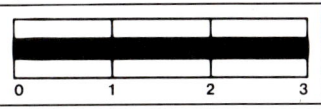

Arbeitszeit
Für diese umfassende Umgestaltung beträgt der Zeitaufwand zwischen 100 und 120 Stunden.

Ersparnis
Durch Eigenleistung lassen sich rund 5000 bis 6000 DM einsparen.

1

2

Decke abhängen

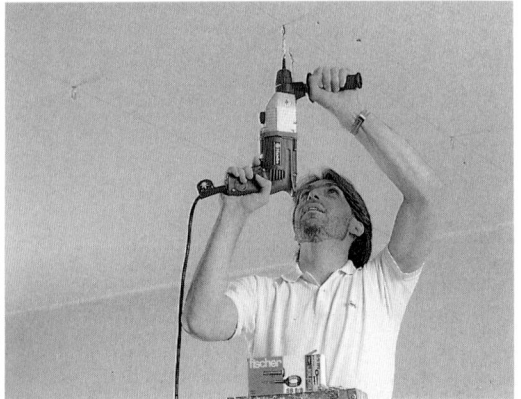

3

4

5

Die wohnraumgroße Altbauküche hat durch ihre großzügige Fläche den meisten Spielraum für eine umfassende Neugestaltung. So bieten diese Küchen weit mehr Platz als ausschließlich für die Küchenarbeit benötigt wird. Dies liegt nicht zuletzt daran, daß die Küche früher eben nicht nur Arbeitsraum, sondern zugleich auch Treffpunkt der Familie war. Folglich ist es auch relativ leicht, eine solche Küche in eine moderne Wohnküche zu verwandeln. Dabei kann eine deutliche architektonische Gliederung die Bereiche »Arbeit« und »Kommunikation« wirkungsvoll gegeneinander abgrenzen, ohne den Raum zu sehr aufzugliedern.

In dem vorliegenden Beispiel wurde dies durch eine Höhenstaffelung erreicht. Die Arbeitsfläche liegt auf dem ursprünglichen Küchenniveau, während der Sitzbereich um eine Stufe erhöht wurde. Das sieht nicht nur pfiffig aus, sondern hat auch praktische Aspekte. So kann vom gefliesten Arbeitsboden der Küche nicht so leicht Schmutz auf die Teppichbodenzone des Sitzbereichs verschleppt werden, und wenn die Küche naß gereinigt wird, bleibt der Teppichboden auf alle Fälle trocken.

Zur Gliederung des Raums trägt auch die über der Sitzecke abgehängte Decke bei. Sie nimmt der Küche etwas von ihrer ungemütlichen Altbauhöhe und schafft zugleich eine Behaglichkeit (vgl. große Abb. S. 92).

1. Um dem großen Raum eine helle, freundliche Note zu verleihen, werden vorwiegend Weiß- und Pastelltöne gewählt, zu denen die kleinen, leuchtend roten Quadrate der Wandfliesen einen lebhaften Akzent setzen. Die verlegegünstigen, rückseitig netzgeklebten Fliesentafeln garantieren einen schnellen Arbeitsfortschritt und ein sauberes Fugenbild, da lediglich beim Ansetzen einer neuen Tafel auf einen gleichmäßigen Fugenanschluß geachtet werden muß. Die Tafeln werden mit Dispersionskleber direkt auf den Putz geklebt.

2. Für den Fußboden des Arbeitsbereichs wie auch

Decke abhängen

für die Arbeitsplatten haben wir weiße, mattglasierte Steinzeugfliesen im Format 10 x 10 cm ausgewählt. Mit ihnen werden auch die Möbelsockel verkleidet, so daß sich ein besonders pflegeleichter Boden ergibt. Auch der Sockel, der Kochbereich und Eßecke voneinander trennt und aus Spanplattenzuschnitten zusammengebaut wird, ist mit den gleichen Fliesen beklebt. Dies trägt nicht nur zu einem harmonischen Gesamtbild bei, sondern schafft auch besonders pflegeleichte und zugleich widerstandsfähige Oberflächen.

3.-6. Nach dem auf Seite 68 geschilderten Verfahren wird im Vorfeld der Renovierung die Decke im Bereich der Sitzecke abgehängt und, wie auf Seite 64 beschrieben, der Fußboden durch ein 20 cm hohes Podest angehoben.

7. Zur optischen Abgrenzung wie auch zur Schalldämpfung wird dieses Podest mit einem vollsynthetischen, fleckabweisend ausgerüsteten, hellgrauen Teppichboden versehen. Da ein solcher Belag in Sitzecken durch Hin- und Herschieben von Sitzmöbeln verhältnismäßig stark strapaziert wird, empfiehlt sich zur Verringerung der Walkbeanspruchung eine vollflächige Verklebung.

8.-9. Eine Abrundung der Podestkanten sorgt dafür, daß sich der Belag in diesem Bereich gut anschmiegt und sauber über die Kante kleben läßt. Aus Kostengründen werden in diesem Beispiel die vorhandenen Küchenmöbel weiter genutzt, jedoch optisch modernisiert und verwandelt.

Ihre kühlen Kunststoffoberflächen werden mit einem Schleifvlies intensiv angeschliffen, um der vorgesehenen Lackierung eine gute Verankerungsbasis zu bieten. Aus dem gleichen Grunde haben wir ein Lacksystem gewählt, das durch Zusatz eines Additivs aus dem Schlußlack einen gleichfarbigen, besonders gut auf Kunststoffoberflächen haftenden Vorlack macht.

10. Da die Schranktüren nicht nur farblich umgestaltet werden, sondern auch durch aufgesetzte Profilleisten ein neues Gesicht bekommen sollen,

6

7

8

Podest und Arbeitsplatten präparieren

9

10

11

werden die Auflageflächen der Leisten vor dem Auftrag des Vorlacks abgeklebt. Damit ist sichergestellt, daß die Leisten auch direkt auf der Kunststoffoberfläche verklebt werden können und keine Lackschicht zwischen Türoberfläche und Kleber liegt, die die Festigkeit der Verklebung in Frage stellen könnte.

Zur Verzierung der Türen und Fronten werden 20 mm breite, beidseitig abgerundete Tapetenleisten verwendet, die mit der Feinsäge sauber auf Gehrung zu schneiden sind.

Für ein ansehnliches Finish sorgt ein Anstrich mit seidenmattem, weißem Lack, wobei die Leisten vorab mit dem Endlack unter Zusatz von VKF-Additiv zu grundieren sind. Die Leisten werden vor der Montage lackiert. Damit ihre Rückseite lackfrei bleibt, wird sie mit selbstklebendem Kreppband abgeklebt, das an beiden Enden einige Zentimeter übersteht. So können Sie die Leisten beim Streichen halten und zum Trocknen mit Wäscheklammern an eine Schnur aufhängen. Als Alternative zur deckenden Lackierung bietet sich für die Leisten eine Behandlung mit farbiger Holzlasur an, die das Holz intensiv färbt, aber die Holzstruktur sichtbar läßt.

11. Die Montage erfolgte einfach und erfolgssicher mit Schmelzkleber, der jegliche Fixierungsmaßnahmen überflüssig macht. Allerdings müssen Sie dafür sorgen, daß die Leisten gleich am Anfang richtig sitzen.

Wichtig ist, daß der Kleber dünn und gleichmäßig in Form einer feinen Raupe auf die Leisten aufgebracht wird, damit er beim Andrücken nicht seitlich herausquillt und auf die bereits fertige Lackierung übertritt.

Wer eine ausreichend sichere Hand zum Beschneiden der Lackkanten besitzt, kann auch zuerst die lackierten Profilleisten aufkleben und dann erst die Türflächen lackieren. Durch die Verwandlung mit Fliesen, Lack und Profilleisten sehen die alten Küchenmöbel wie neu aus.

Die Appartement-Küche

Mini-Küche — Arbeitsanleitungen

Material
Glasierte Steinzeugfliesen, Dispersions-, Pulverkleber, Fliesenlegekreuze, Fugenmörtel, Kanthölzer 6x6, 6x4 cm,- Ein-Mann-Gipskartonplatten, Rahmendübel, Schrauben, Mineralwollplatten 4 cm, Tiefgrund, Acrylglasscheibe, Alu-U-Profil, Prägetapete, Kleister, je 1 Spanplatte 16, 13 mm, Nageldübel, Dispersionsfarbe, Täfelbretter, Kontaktkleber.

Werkzeug

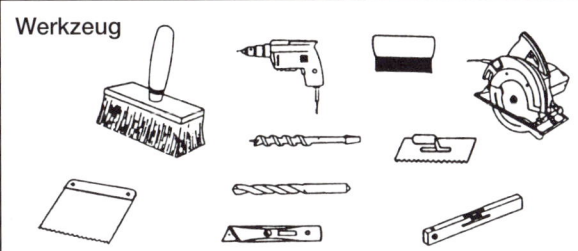

Schwierigkeitsgrad: 2 (von 0–3)

Kraftaufwand: 2 (von 0–3)

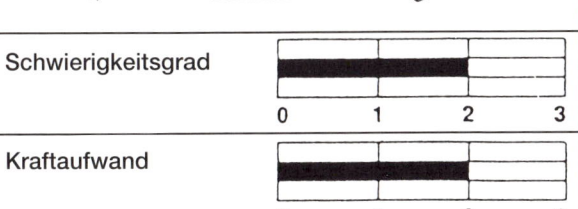

Arbeitszeit
Je nach Größe und Ausführung ist ein Zeitaufwand von etwas 50 bis 60 Stunden nötig.

Ersparnis
Durch Eigenleistung lassen sich rund 2500 bis 3000 DM einsparen.

1

2

3

Trennwand einbauen

4

5

6

1.-3. Das Thema »Appartement-Küche« läßt selbstverständlich auch vielfältige Varianten zu. Eine solche Küche kann offen, halboffen oder auch in sich abgeschlossen geplant werden.

Beim **offenen** Beispiel ist die Küche gegenüber dem Wohnbereich lediglich durch eine Stichwand abgegrenzt, die ebenso wie die halbe und komplette Abtrennung aus einem hölzernen Ständerwerk mit Gipskartonverkleidung besteht.

Eine sehr praktische Lösung ist die **halboffene** Küche mit Frühstücksbar. Sie besteht aus einer festen Trennwand mit im Winkel daran anschließendem Tresen. Dieser wird von zwei raumhohen Spanplattenkästen gebildet, die durch eine flache Kastenkonstruktion verbunden sind. Diese trägt in 1 m Höhe oberhalb des Fußbodens eine 60 cm breite gefliese Platte. Etwa 50 cm unterhalb der Decke wird diese Konstruktion durch eine Blende mit Regalbord abgeschlossen. Edelholzpaneele verleihen der gesamten Konstruktion ein wohnliches Aussehen.

Die voll **abgeschlossene** Küche hat den Vorteil, daß sie nicht nur eine optische Trennung schafft, sondern auch die Küchendünste weitestgehend auf den eigentlichen Küchenbereich begrenzt. Eine solche Lösung läßt sich durch eine Leichtbau-Trennwand mit eingebauter Lamellentür und eine Durchreiche mit einem senkrecht geführten Schiebefenster leicht verwirklichen. Als Fenster dient hier eine leichte Kunstglasscheibe aus Acrylglas oder Polykarbonat-Kunststoff, die seitlich in zwei mit dem Ständerwerk verschraubten U-Profilen aus Aluminium geführt wird. Zwei unter die obere Rahmenblende geschraubte Schwenkriegel ermöglichen eine Arretierung der Scheibe in voll geöffnetem Zustand.

4.-5. Der Aufbau des Ständerwerkes erfordert keinen großen Aufwand. Es wird aus 4 x 6-cm-Hölzern aufgebaut und beidseitig mit Ein-Mann-Gipskartonplatten beplankt. Durch Ausfüllen des Hohlraums mit 4 cm dicken Mineralfaserplatten

Trennwand einbauen

wird die Konstruktion entdröhnt und der Schallschutz verbessert.

Auch der Aufwand der halboffenen Abtrennung durch eine Frühstücksbar ist nicht besonders groß.

6. Der Tresen wird in Form eines zur Küche hin offenen Regals aus grundierfolienbeschichteter Spanplatte zusammengeschraubt. Die obere Deckplatte wird durch einen nach vorn überstehenden Spanplattenzuschnitt aufgedoppelt, der an beiden Längskanten eine Blende in der Breite des verwendeten Fliesenformats erhält. Auch die Deckplatte wird möglichst so bemessen, daß beim Fliesen keine Zuschnitte nötig sind.

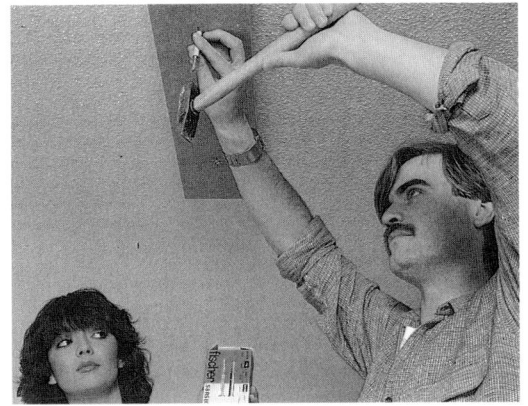
7

7. Für eine solide Verankerung der Spanplattensäulen sorgen auf das Innenmaß der Säulen zugeschnittene Spanplattenspanten, die mit Nageldübeln entsprechend gegen die Decke und auf den Fußboden gedübelt werden.

8. Die beiden Säulen werden in Form von zwei L-förmigen Hälften vormontiert und mit den Spanten am Boden wie auch an der Decke verschraubt.

Wenn die Innenseiten der Säulen montiert sind, wird der vorgefertigte Tresen zwischen die Halbsäulen geschoben und mit diesen verschraubt. Anschließend werden die Säulen durch Aufschrauben der Außenhälften geschlossen.

8

9. Die Täfelbrettverblendung der Tresenfront wie auch der oberen Blende wird am besten mit Kontaktkleber direkt auf den Spanplattenkorpus aufgeklebt. Dazu werden die zu verkleidenden Flächen wie auch die Rückseiten der Täfelbrettzuschnitte gleichmäßig dünn mit Kontaktkleber eingestrichen. Der Kleberauftrag muß so lange ablüften, bis er keine Fäden mehr zieht.

Dann ist der Zeitpunkt gekommen, die Täfelbretter maßgenau anzusetzen. Dieser Vorgang erfordert Präzision, da Kontaktkleber keine Korrekturmöglichkeiten bieten. Nach dem Ansetzen werden die Täfelbretter mit einigen Hammerschlägen auf ein das Furnier schützendes Beilageholz angedrückt. So wird die Fläche zügig verkleidet.

9

Die Single – Küche mit Eßplatz

100

Flexibler Tisch

Single-Küche mit Eßplatz

Material
Kanthölzer 6x6, 6x4 cm, Gipsfaserplatten, Rahmendübel, Schrauben, Steinwollplatten 4 cm, Fugenspachtel, Gasbeton-Plansteine, Pulverkleber, Steinzeug-Mosaik, Dispersionskleber, Gasbetondübel, je 1 Spanplatte 38, 19, 13 mm, Rauhfaser, Dispersionswandfarbe, Lack, PVC-Bodenbelag, V2A-Bleche oder Drahtglas.

Werkzeug
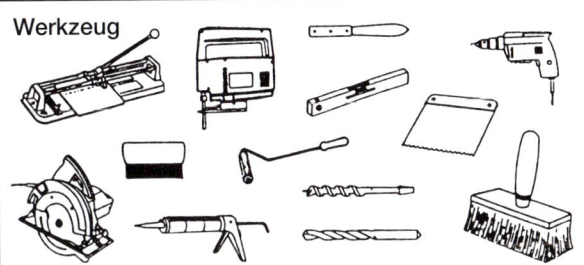

Schwierigkeitsgrad

Kraftaufwand
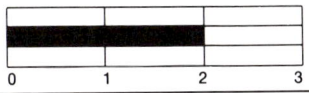

Arbeitszeit
Für die Single-Küche mit Schiebetisch sind rund 80 Stunden zu veranschlagen.

Ersparnis
Durch Eigenleistung können Sie etwa 4000 DM einsparen.

Arbeitsanleitungen

1

2

3

Möbel aus Stein und Stahl

4

5

6

Im Zeichen der Single-Haushalte ist das Appartement heute eine verbreitete Wohnform geworden. Für immer mehr, vor allem junge Leute, reduziert sich das Wohnen auf einen Raum mit Kochnische und Bad.

Oft ist die gesamte Küche als Pantry in einer Nische oder gar in einem Schrank untergebracht, um möglichst wenig Raum zu beanspruchen. Dies geht zu Lasten der Wohnlichkeit, so daß viele Singles sich heute eine abgeschlossene Küche wünschen.

Dieser Wunsch läßt sich auch bei knappem Raumangebot realisieren, wie es dieses Beispiel beweist, das zudem auch ausgesprochen praktische Lösungen offeriert.

Unsere raffinierte Single-Küche kommt mit einer Grundfläche von knapp 2 x 3 m aus und wird durch eine L-förmige Leichtbau-Trennwand aus Gipsfaserplatten mit hölzernem Ständerwerk vom Wohnraum abgeteilt.

1. Der Trennwandbau erfolgt nach dem auf den Seiten beschriebenen System, wobei eine 75 cm über dem Fußboden ansetzende Fensteröffnung eine Verbindung zwischen Küche und Wohnraum schafft. Sie dient nicht nur als Durchreiche, sondern zugleich auch als Bewegungsraum für einen U-förmigen Tisch, der zwischen Küche und Wohnbereich hin und her geschoben werden kann.

2. So ist es möglich, den Tisch in der Küche zu decken und dann durch die Öffnung ins Wohnzimmer zu schieben. Nach dem Essen wird der Tisch auf dem gleichen Wege zum Abräumen in die Küche zurückbefördert. Auf diese Weise lassen sich unnötige Wege sparen, und außerdem sieht der Wohnbereich im Handumdrehen wieder ordentlich aus.

3. Auch bei dieser Küche wurde auf fertige Möbel verzichtet und der vorhandene Raum individuell mit offenen Regalen aus Gasbetonstollen genutzt. Diese bilden zwei 60 cm breite Fächer zur Aufnahme von Herd und Kühlschrank. Der übrige

Möbel aus Stein und Stahl

Raum wurde nach Belieben zu Staufächern unterschiedlicher Größe aufgeteilt.

4.-6. Die mit Fliesenkleber aufgemauerten Stollen haben eine Tiefe von 60 cm und sind allseitig mit weißem glasiertem Mittelmosaik im Format 5 x 5 cm verkleidet.

Vor dem Verfugen wird jede vierte Fuge mit einer schmalen Leiste ausgefüllt und mit Klebeband fixiert. So ist sichergestellt, daß diese Fugen jeweils offen bleiben, um Einschubböden aus 2 mm dickem Edelstahlblech aufzunehmen. Damit ergeben sich 15 cm hohe Staufächer.

Die Böden werden an der Vorderseite zur Aussteifung abgekantet. Eine gelb lackierte Leiste, die mit Zweikomponenten-Kleber auf die Abkantung geklebt wird, sorgt für einen optisch wirkungsvollen Abschluß und trägt zugleich zum Schutz der Hände bei, die so beim Hantieren in den Fächern nicht direkt mit der Metallkante in Berührung kommen.

7

7. Als Arbeitsplatte dient eine 38 mm dicke, wasserfeste Spanplatte, die genau auf das Deckmaß zugeschnitten und mit der Stichsäge mit den nötigen Ausschnitten für Kochfeld und Spüle versehen wird. Diese Ausschnitte werden nach entsprechenden Geräteschablonen angezeichnet und müssen konturengenau ausgearbeitet werden, damit Kochfeld und Spüle den nötigen Halt finden.

Um das Freisägen der Ecken zu erleichtern, wird am besten an jedem Eckpunkt ein 8-mm-Loch in die Platte gebohrt, wodurch das Sägeblatt den nötigen Bewegungsspielraum erhält.

8

8. Nach der Montage wird sie mit dem gleichen Mosaik beklebt, das Sie auch bei den Stollen verwendet haben. Dabei wird der unvermeidliche Lüftungsschlitz für den Kühlschrank sorgfältig ausgespart.

9. Wandanschluß wie auch die Sanitärfuge zwischen gefliester Arbeitsplatte und emaillierter Spüle werden mit weißem Silikonkautschuk wasserdicht versiegelt.

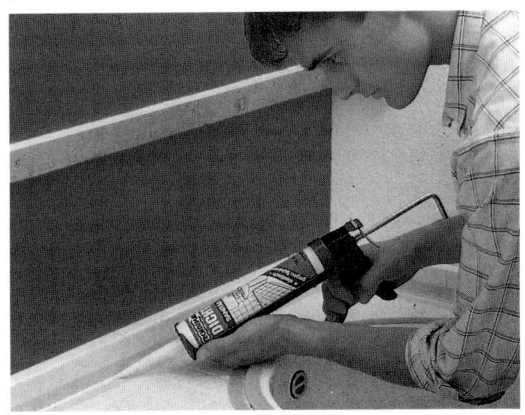
9

Arbeitsanleitungen

Farbenspiele

10

11

12

10. Um die kleine Küche optisch größer erscheinen zu lassen, haben wir für die farbliche Gestaltung helle Töne, ein klares Weiß und ein sonnig leuchtendes Gelb, gewählt. Ein diagonales Streifenmuster sorgt zusätzlich für einen weitenden Effekt. Mattes Weiß und glänzendes Gelb setzen zusätzlich einen modischen Akzent. Die Wandflächen werden zuerst weiß gerollt, dann zum Anlegen der gelben Diagonalen abgeklebt. Wichtig ist, daß die Klebestreifen an den Kanten sehr gut angerieben werden, damit keine Farbe unter die Abklebung dringen kann.

11. Mit einer kleinen Heizkörperwalze werden die Streifen mit seidenglänzendem, gelbem Dispersionslack aufgerollt.

Eine so kleine Küche kommt ohne wirkungsvolle Dunstabzugshaube nicht aus. Ihre Leistung muß so bemessen sein, daß das Gebläse das Raumvolumen pro Stunde etwa zehnmal völlig umwälzt.

12. In unserem Beispiel wurde die Abzugshaube in einem imitierten Rauchfang aus 13 mm dicker Spanplatte versteckt, an den sich seitlich Regale anschließen.

Diese Konstruktion findet an Leisten Halt, die zuvor gegen die Wand gedübelt werden. Das Montagefoto zeigt auch die Befestigung der Borde, die aus beidseitig mit Sperrholz beplankten Rahmen bestehen. An der Rückseite greift diese Beplankung an die an die Wand gedübelten Halteleisten über, mit denen die Beplankung verschraubt wird. Auf die gleiche Weise finden die Borde am Rauchfang und an den Seitenwänden der Küche Halt, ohne daß irgendwelche Träger sichtbar sind.

So ergibt sich eine ebenso schmucke wie praktisch eingerichtete Single-Küche, in der man auch zu zweit genügend Bewegungsraum findet. Sie bietet auf engstem Raum alles Nötige an und ist mit ihren glatten Oberflächen vom PVC-Boden über die gefliesten Oberflächen bis zur lackierten Rauhfaser im Arbeitsbereich auch ausgesprochen pflegeleicht.

Eine Küche mit zentralem Arbeitsblock

Material
Gasbeton-Plansteine, Spanplatte 19 mm, Pulverkleber, Leistenabschnitte 3x3 cm, Rahmendübel, Schrauben, Sockelbohlen 4x10 cm, Stuhlwinkel, Bodenfliesen, Zweikomponenten-Kleber, Tiefgrund, Dekorfliesen, Fliesenlegekreuze, Fugenweiß.

Werkzeug
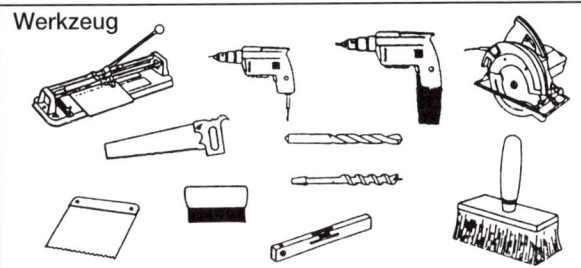

Schwierigkeitsgrad
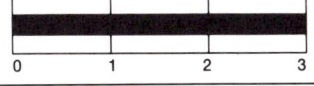

Kraftaufwand
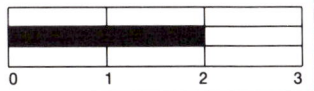

Arbeitszeit
Für den Ausbau dieser rund 10 qm großen Küche sind etwa 80 Stunden zu veranschlagen.

Ersparnis
Durch Eigenleistung sind etwa 3500 bis 4000 DM zu sparen.

1

2

3

Podest bauen

4

5

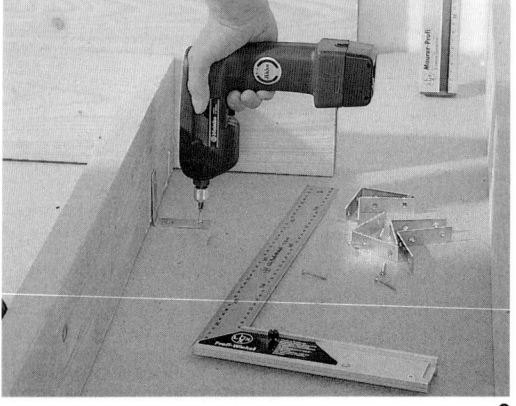

6

1. Wer eine solche Küche mit zentralem Arbeitsblock im Rahmen einer Küchenrenovierung einbauen möchte, steht vor dem Problem, wie man mit Wasserleitung, Stromzufuhr und Abflußrohr in die Küchenmitte kommen soll.

Mit einem Podest gelingt dies verhältnismäßig leicht, denn es schafft in seinem Inneren den nötigen Installationsraum.

2. Bevor es ans praktische Bauen geht, muß der Fachmann die nötigen Leitungen in die Küchenmitte verlegen. Ist dies erfolgt, können Sie mit dem Podestbau beginnen. Abkleben der Konturen von Küchenblock und Podest schafft in diesem frühen Stadium bereits einen guten Überblick über die aktuellen Raumverhältnisse und gestattet so noch notwendige Korrekturen in der Raumaufteilung.

3. Zweckmäßigerweise beginnt man den praktischen Aufbau mit der Errichtung des Küchenblocks, der am besten aus Gasbeton-Plansteinen nach dem zuvor festgelegten Grundriß aufgemauert wird. Zur Verbindung der Steine dient Pulverkleber, wie er zur Fliesenverlegung verwendet wird.

4.-5. Um den fertigen Mittelblock herum wird nun das Podest aus Spanplattenzuschnitten errichtet. Die Spanten sind entsprechend der Leitungsführung mit Ausschnitten versehen und werden mit Schnellbauschrauben untereinander verankert und mit angeschraubten Leistenabschnitten am Fußboden festgemacht.

6. Wenn die Unterkonstruktion des Podests fertiggestellt ist, kann das Ganze mit einer 19 mm dicken Spanplatte abgedeckt werden.

Wer eine besonders pflegeleichte Küche haben möchte, setzt die Schränke nicht direkt auf das Podest, sondern auf einen soliden Sockel aus Kanthölzern, die den eigentlichen Möbelsockel ersetzen. Diese Kanthölzer werden mit wasserfest abbindendem Leim auf das Spanplattendeck geleimt und zusätzlich mit Stuhlwinkeln verankert.

7.-8. Wenn die Vorarbeiten so weit gediehen sind,

Küchenblock bauen

kann das Podest verfliest werden. Um allen Risiken durch eindringendes Wasser von vornherein zu begegnen, empfiehlt sich eine Fliesenanbringung mit Zweikomponenten-Kleber, der zugleich auch eine dichtende Funktion hat.

Auch der Möbelsockel wird unter Verwendung von Zweikomponenten-Kleber gefliest. Zweckmäßigerweise wird der gesamte Boden auch zweikomponentig verfugt. Das sorgt für absolut dichte und dauerhaft pflegeleichte, fleckunempfindliche Fugen.

9. Wenn der Boden fertiggestellt ist, geht es an die Gestaltung des Küchenblocks. Er wird in unserem Beispiel zunächst tiefgrundiert und anschließend in einem attraktiven Streifenmuster mit Steingutriemchen gefliest. Dies lassen sich ohne jedes Werkzeug durch einfaches Knicken wie bei einer Schokoladentafel in Einzel- oder Doppelriemchen teilen. Sie werden mit Dispersionskleber aufgeklebt. Die obere Abdeckung des Küchenblocks besteht aus einer wasserfest gebundenen 19 mm dicken Spanplatte. Sie wird ringsum mit einem Untermaß von einer Riemchenstärke zugeschnitten, mit den notwendigen Ausschnitten für Kochfeld und Spüle versehen und mit Gasbetondübeln auf dem Mittelblock verankert. Die Befestigungsschrauben müssen dabei gut versenkt werden, damit sie beim anschließenden Fliesen der Platte nicht stören.

10. Um eine wasserdichte, pflegeleichte Fläche zu erhalten, wird die Arbeitsplatte nach der Montage weiß gefliest. Dabei kommt weißer Zweikomponenten-Kleber zum Einsatz, der auch zum Verfugen verwendet wird.

11. Die übrigen Fliesenflächen des Küchenblocks werden mit normalem Fugenweiß verfugt, das die farbigen Bänder effektvoll hervorhebt.

12. Auf der Vorderseite des Küchenblocks bietet eine Nische Stauraum für Küchenzubehör und Platz für die Montage eines elektronisch geregelten Durchlauferhitzers, der eine exakte Temperaturvorwahl im Bereich von +30 bis +55°C erlaubt.

7

8

9

Küchenblock bauen

10

11

12

So verfügen Sie an der Spüle stets über warmes Wasser. Die zentrale Warmwasserversorgung vor Ort begrenzt den Installationsaufwand auf die alleinige Zuführung der Kaltwasserleitung nebst Stromversorgung, die für den Herd ohnehin notwendig ist.

In unserem Beispiel wurde ein Durchlauferhitzer mit elektronisch geregelter Temperaturwahl gewählt, der auf Abruf Wasser mit der gewünschten Temperatur liefert und neben elektrischer Energie auch Wasser sparen hilft.

Durch den zentralen Küchenblock läßt sich eine voll funktionsfähige Küche auf relativ engem Raum verwirklichen. Kurze Wege und geringer Pflegeaufwand machen dieses Küchenkonzept sowohl für den kleinen als auch für einen großen Haushalt attraktiv.

Wie der nebenstehende Grundriß zeigt, sind Kühl-/Gefrierkombinationen wie auch Mikrowellenherd und Backofen durch eine halbe Körperdrehung von der Arbeitsposition am Herd erreichbar. Das gleiche gilt praktisch für die Distanz von Spüle und Spülmaschine. Ähnlich günstige Verhältnisse ergeben sich beim Zugriff zu den Unter- und Hängeschränken.

Reichlichen Spielraum zum Ausweichen bieten Zudem die Arbeitsflächen auf den Unterschränken, die ebenfalls mit einer Körperwendung oder allenfalls einigen wenigen Schritten von Herd und Spüle aus zu erreichen sind.

Der zentrale Küchenblock läßt sich sowohl im Neubau als auch im Altbau mit vertretbaren Mitteln verwirklichen und bewährt sich Tag für Tag sowohl durch seine funktionsgerechte Ausstattung als durch seine attraktive Gestaltung, die je nach zur Verfügung stehendem Platz und individuellem Geschmack viele Variationen zuläßt.

Auch der als Eßbar, Anricht- oder Servierfläche nutzbare Tresen, der die Küche vom Wohnbereich trennt, liegt so nahe, daß er auf kürzestem Wege erreicht werden kann.

Grundriß

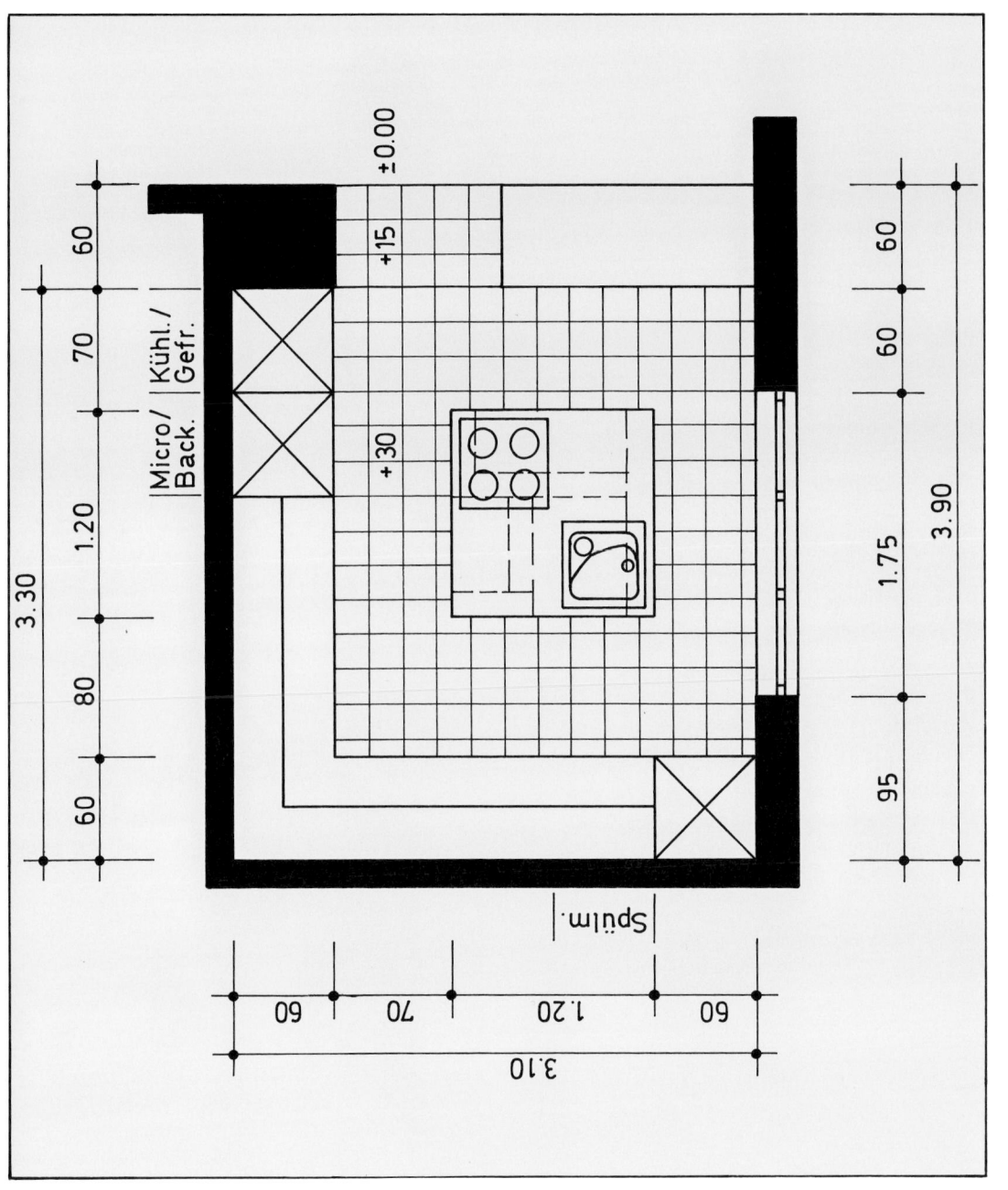

Fahrbarer Küchencontainer

Mehrzweck – Tisch

Ein Container mit Rollen für die Küche

Material
Tischlerplatte 19 mm, Spanplatte 19 mm dick, Mittelmosaik 5x5 cm Abriebgruppe IV, Fliesenkleber, Holzleim, Lackspachtel, Schrauben, Rahmenleiste 10x25 mm, 4 Möbelrollen Bauhöhe 60 mm, 4 Topfbandscharniere, 2 Kistenscharniere, 2 Möbelknöpfe, Rundholz 10 mm, Lack, Klebeband.

Werkzeug

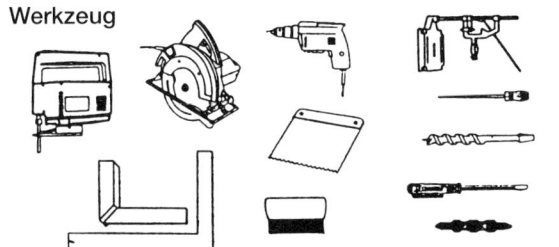

Schwierigkeitsgrad

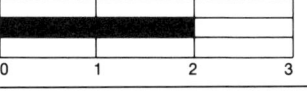

Kraftaufwand

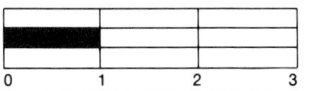

Arbeitszeit
Der Selbstbau läßt sich in etwa 20 Stunden ausführen.

Ersparnis
Durch Eigenleistung lassen sich rund 800 DM sparen.

1

2

Kastenkonstruktion bauen

3

4

5

So manche Hausfrau oder mancher Hausmann möchte nur ungern auf einen Küchentisch verzichten. Aber in vielen Küchen mangelt es an Platz für einen Tisch und nicht selten auch, durch ungünstige Positionen von Türen, Fenstern und Heizkörpern verursacht, an Stellfläche für dringend benötigte zusätzliche Schränke.

Hier bietet sich eine mobile Arbeitsplattform als Lösung an. Ein solcher fahrbarer Küchencontainer ist Tisch und Schrank zugleich. Und da er sich nach Belieben hin- und herschieben läßt und mit feststellbaren Rollen auch an Ort und Stelle arretiert werden kann, ist er nie im Weg und trotzdem jederzeit an jedem gewünschten Platz verfügbar (vgl. Abb. S. 110).

Der hier beschriebene Rollcontainer hat eine günstige Arbeitshöhe von 86 cm. Sein Korpus vereint die Funktion eines Schranks mit an drei Seiten offenen Regalfächern für Gewürze, Essig und Öl, zum Aufhängen von Pfannen und kleinen Töpfen sowie Platz für griffgerecht an einer Magnetleiste fixierten Schneidwerkzeugen. Die den Korpus ringsum überragende gefliese Tischplatte bietet eine großzügig bemessene Arbeitsfläche und stellt durch den zurückspringenden Korpus den nötigen Freiraum für die Füße sicher.

1. Unter seiner aufklappbaren Tischplatte bietet der praktische Küchencontainer außerdem reichlich Stauraum für nur gelegentlich benötigte Küchenutensilien (vom Waffeleisen bis zum Tischgrill oder zu Küchengeräten, die anderweitig zuviel Platz wegnehmen).

2. Das praktische Möbel ist als einfache Kastenkonstruktion aus grundierfolienbeschichteter, 19 mm dicker Spanplatte leicht nachzubauen. Seine Einzelteile sind allesamt rechteckige Zuschnitte, die Sie direkt beim Holzhändler auf Maß schneiden lassen können, falls Sie sie nicht selbst mit der Handkreissäge zuschneiden wollen.

3.-4. Die maßgerecht zugeschnittenen Korpusteile werden anschließend unter Angabe von Weißleim

Lackierung

zusammengefügt und zusätzlich mit selbstversenkenden Spanplattenschrauben fest miteinander verschraubt. Dabei ist darauf zu achten, daß die Schraubenköpfe ausreichend tief versenkt werden, damit sie sich anschließend unsichtbar überspachteln lassen.

Auch sämtliche Schnittkanten der Korpuskonstruktion sind mit Lackspachtel sauber glattzuspachteln und zu schleifen, damit sie sich später einwandfrei lackieren lassen.

Die Schranktüren verlangen solide Beschläge. Justierbare Topfbänder erfüllen alle Stabilitätsanforderungen. Um sie zu montieren, müssen die Türen mit entsprechenden großkalibrigen Bohrungen versehen werden. Diese lassen sich am besten mit einem passenden Zentrumbohrer ausarbeiten. Für exakt senkrechte und sauber zentrierte Bohrungen sorgt die in einen Bohrständer - besser noch in einen Fräsbohrständer - sichere eingespannte Bohrmaschine.

6

5. Die für die verwendeten Bänder erforderliche Bohrtiefe läßt sich über den einstellbaren Tiefenanschlag genau vorbestimmen. Anschließend werden die Topfbänder in die Bohrungen gesetzt und mit Schrauben fixiert, bevor die Bänder schließlich auch am Schrankkorpus angeschraubt werden. Der exakte Sitz der Türen läßt sich nach der Montage über die Justierschrauben der Bänder genau einstellen.

Da Küchenmöbel stark strapaziert werden, sollte für die Lackierung ein möglichst widerstandsfähiger, kratz- und abriebfester Lack verwendet werden. Grundierfolienbeschichtete Spanplatten bieten einen ausgezeichneten Lackiergrund. Damit sind keine Haftungsprobleme zu erwarten.

7

6.-8. Trotzdem ist es empfehlenswert, nach Abspachteln der Kanten den Voranstrich des Containerkorpus mit einer Mischung aus dem für die Endlackierung vorgesehen Lack und einem Primer-Additiv vorzunehmen. So erhält man einen haftfesten Voranstrich in der Farbe der

8

Tischplatte verkleiden

9

10

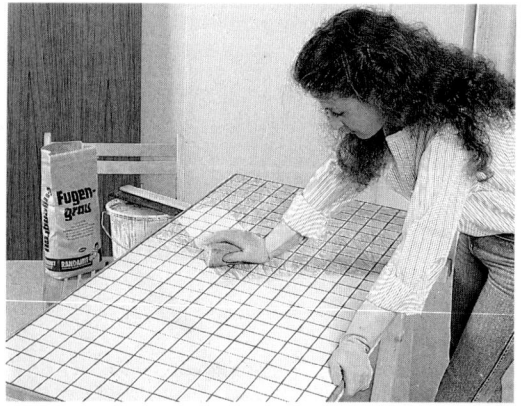

11

Endlackierung, der ein perfektes Decken der Schlußlackierung sicherstellt.

9. Eine zweifarbige Lackierung in Abstimmung auf die Kücheneinrichtung bringt den praktischen Rollcontainer optisch besonders gut zur Geltung. Dabei schafft sorgfältiges Abkleben der Farbgrenzen die nötigen Voraussetzungen für ein einwandfreies Erscheinungsbild.

Die Tischplatte wird am besten aus verwindungssteifer Tischlerplatte zugeschnitten. Man kann hierfür aber auch grundierfolienbeschichtete Spanplatten verwenden.

In beiden Fällen wird die Platte ringsum mit einem vollflächig verleimten Leistenrahmen versehen. Dieser Rahmen muß die Plattenoberkante um die Dicke der für die Oberflächengestaltung vorgesehenen Fliesen überragen. Diese Einfassung wird an den Ecken auf Gehrung gearbeitet. Das verbessert nicht nur die Steifigkeit der Platte, sondern sorgt zugleich auch für einen sauberen Abschluß des Fliesenbelags.

10. Dieser wird im Dünnbettverfahren mit Dispersionskleber, besser noch mit Zweikomponenten-Kleber aufgeklebt. In unserem Beispiel wurde mattglasiertes Steinzeugmosaik im Format 5x5 cm verwendet.

11. Zum Verfugen dient Fugengrau. In Hinblick auf Pflegeleichtigkeit und Fleckenempfindlichkeit der Fugen kann es auch ein zweikomponentiger Fliesenkleber sein, den es nicht nur weiß und grau, sondern auch farbig gibt.

Man kann zur Verkleidung der Tischplatte auch die neuartigen acrylgebundenen Dekorplatten verwenden.

Diese Materialien sollten Sie sich der Einfachheithalber vom Händler gleich auf Maß zuschneiden lassen, da die Bearbeitung sehr scharfe Hartmetallwerkzeuge erfordert. Die weiß, marmoriert oder auch granuliert erhältlichen Platten lassen sich praktisch verkleben, so daß eine Randeinfassung der Platte keine Probleme bereitet.

Ein Hängeregal für die Küche

Material
Spanplatte (ø 16 mm), Kanthölzer 5x5 cm, Kupferrohr (ø 10 mm), Messingpatronen PA4/M6, Buchen-Riffeldübel (ø 8 mm), Holzleim, 2 Halogenstrahler, 1 Einbau-Abzugshaube, Schrauben, 4 Kunststoffdübel, Blattösenschrauben, 4 Gewindebolzen M6 (60 mm lang), 4 Hutmuttern M6, 4 Gewindeschrauben M6x15 mm, 4 Unterlegscheiben, Lack, Klebeband.

Werkzeug

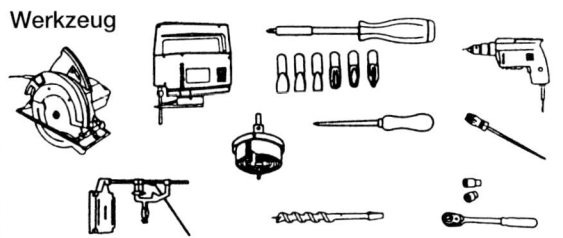

Schwierigkeitsgrad

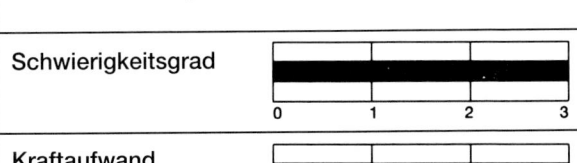

Kraftaufwand

Arbeitszeit
Für den Bau des Hängeregals samt Montage benötigen Sie etwa 20 Stunden.

Ersparnis
Durch Selbstbau lassen sich rund 800 bis 1000 DM einsparen.

Hängeregal bauen

Arbeitsanleitungen

1

2

3

Spanplatte zuschneiden und verbinden

4

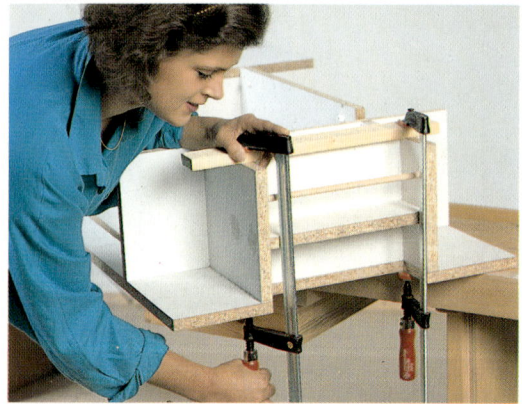

5

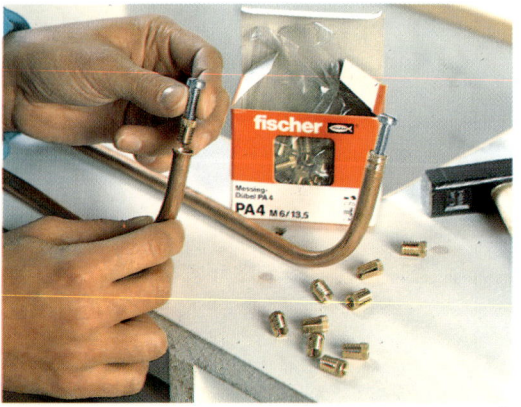

6

Von Profiköchen kann man einiges lernen, nicht nur was das Kochen selbst anbelangt. Die professionellen Jünger Lukulls haben nämlich meist auch eine Ader für rationelles Arbeiten und aufgrund dessen auch eine entsprechend praktische Küchenausstattung.

So hängen die Profis zum Beispiel gern alles, was sie zum Kochen am Herd benötigen, an einem Gestell über der Kochstelle auf.

1. Unser Selbstbauvorschlag nimmt diese clevere Idee auf und kombiniert sie mit der heute immer häufiger auch in privaten Küchen anzutreffenden Dunstabzugshaube über dem Herd, die einer Ausbreitung von Fettschwaden und Gerüchen vorbeugen soll.

Der Selbstbau eines solchen Hängeregals über dem Herd ist gar nicht schwierig. Als Material dient vorzugsweise eine lackierfreundliche, grundierfolienbeschichtete Spanplatte.

2. Zunächst wird die Grundplatte aus 16 mm dickem Material rechteckig zugeschnitten. Mit einer Stichsäge gelingt das Ausschneiden der seitlichen Aussparungen wie auch des Mittenausschnitts sauber und kantengenau.

3. Zur Aufnahme von zwei Niedervolt-Halogenstrahlern, die später das Kochfeld blendfrei beleuchten sollen, werden anschließend mit einer Lochsäge zwei dem Leuchtendurchmesser entsprechende kreisrunde Löcher in die Grundplatte geschnitten.

Die Verbindung der Einzelteile unseres praktischen Hängeregals erfolgt mit geriffelten Buchenrunddübeln und wasserfest abbindendem Weißleim. Für deckungsgleiche Bohrungen, die beim verdeckten Dübeln unerläßlich sind, sorgt eine improvisierte Dübellehre aus einer mit entsprechenden Bohrungen versehenen Leiste, die über die zu bohrenden Teile gespannt wird. Präziser gelingt dies allerdings mit einer justierbaren Dübellehre nebst Bohrer mit Tiefenanschlag.

4. Beim lotrechten Bohren ist ein Bohrständer eine

Montage

Arbeitsanleitungen

zuverlässige Hilfe, die vor allem auch einem Verlaufen der Bohrungen entgegenwirkt.

Erst wenn alle Einzelteile zugeschnitten und gebohrt sind, werden sie zunächst einmal probeweise zusammengesteckt, bevor sie unter Leimzugabe an die Dübel wie auch an die Verbindungsflächen endgültig zusammengebaut werden. Die Teile werden mit einigen Hammerschlägen fugenschlüssig zusammengeklopft. Dabei sollten Sie stets ein Beilageholz verwenden, um Schlagmarken oder Kantenbeschädigungen dadurch zuverlässig auszuschließen.

5. Wenn alles perfekt paßt, werden die verleimten Teile wiederum unter Verwendung von druckverteilenden Beilagehölzern mit Zwingen zusammengespannt und zur Seite gelegt, bis der Leim abgebunden hat.

Zum Aufhängen von Kellen, Löffeln und Sieben dienen zwei 10 mm dicke Kupferrohre, die mit Sand gefüllt und an beiden Enden mit Holzstopfen versehen werden, damit sie beim Biegen nicht knicken. Für einen sauberen 90-Grad-Bogen verhilft ein entsprechend dickes Rundholz oder Stahlrohr, um das unser sandgefülltes Kupferrohr gebogen wird. Dabei ist es vorteilhaft, die Rohrenden zunächst zum Biegen länger zu lassen und erst nach dem Biegen auf das geforderte Maß abzusägen.

6. Um die beiden Rohrbügel an unserem Hängeregal zu befestigen, werden Messingpatronen PA4/M6 in die mit einer Reibahle leicht aufgeweiteten Rohrenden gedrückt.

7. Anschließend werden die Rohrenden flächenbündig in die leicht aufgeriebenen 10-mm-Montagebohrungen der Grundplatte eingeführt, um sie dann von der Oberseite mit einer passenden M6-Schraube nebst Unterlegscheibe festzuschrauben. Bei der etwas schwierigen Schraubposition bewährt sich ein extra langer Schraubendreher oder ein Ratschensatz mit entsprechenden Schrauberklingeneinsätzen.

7

8

9

Funktionell und schön

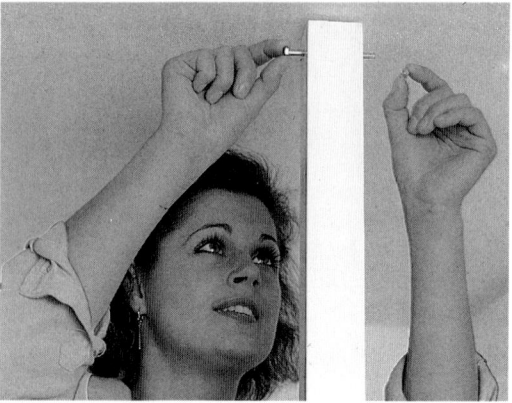

10

11

12

8. Zur Aufhängung der Konstruktion an der Küchendecke dienen 5-cm-Vierkanthölzer, die mit der Regalplattform verschraubt und verleimt werden. Zur unsichtbaren Befestigung an der Küchendecke werden die oberen Stirnflächen mit einer Oberfräse etwa 4 cm tief geschlitzt.

9. In diese Schlitze werden später in der Küchendecke verankerte Ösenschrauben versenkt, die es im Fachhandel als komplette Einheit von Ösenschrauben und passenden Dübeln gibt.

10. Eine durch eine Querbohrung im oberen Bereich der Holme gesteckte M6-Gewindeschraube sorgt schließlich für eine sichere Verbindung von in der Decke verankerter Ösenschraube und Aufhängungsholmen.

Der Schraubenüberstand wird nach der Montage bündig mit der Mutter abgesägt und durch einige Feilenstriche entgratet.

Anstelle von normalen Muttern kann man auch dekorativere Hutmuttern verwenden, die sich nach Abschrauben der zuerst verwendeten Mutter problemlos aufschrauben läßt.

Die Dunstabzugshaube wird zum guten Schluß in den Korpus des Hängeregals eingesetzt und vom Fachmann angeschlossen.

Zur Stromversorgung der beiden Halogenstrahler müssen Sie im Innenraum des Hängeregals auch noch einen entsprechenden Transformator montieren, der mit dem Netz verbunden werden kann. Ein einfacher Zugschalter dient zum Ein- und Ausschalten des Lichts.

11.-12. Da das Hängeregal im Bereich der Kochschwaden und Fettdünste liegt, sollte man auf eine solide Lackierung achten. Als geeignete Lacke empfehlen sich umweltfreundliche, wasserhaltige Acryllacke, wobei hochglänzende Einstellungen zu bevorzugen sind, Alkydlacke oder, wenn sehr hohe Ansprüche an die Oberfläche gestellt werden, auch zweikomponentige DD-Lacke. Eine zweifarbige Gestaltung macht das praktische Hängeregal besonders attraktiv.

Aufbau – System

Arbeitsanleitungen

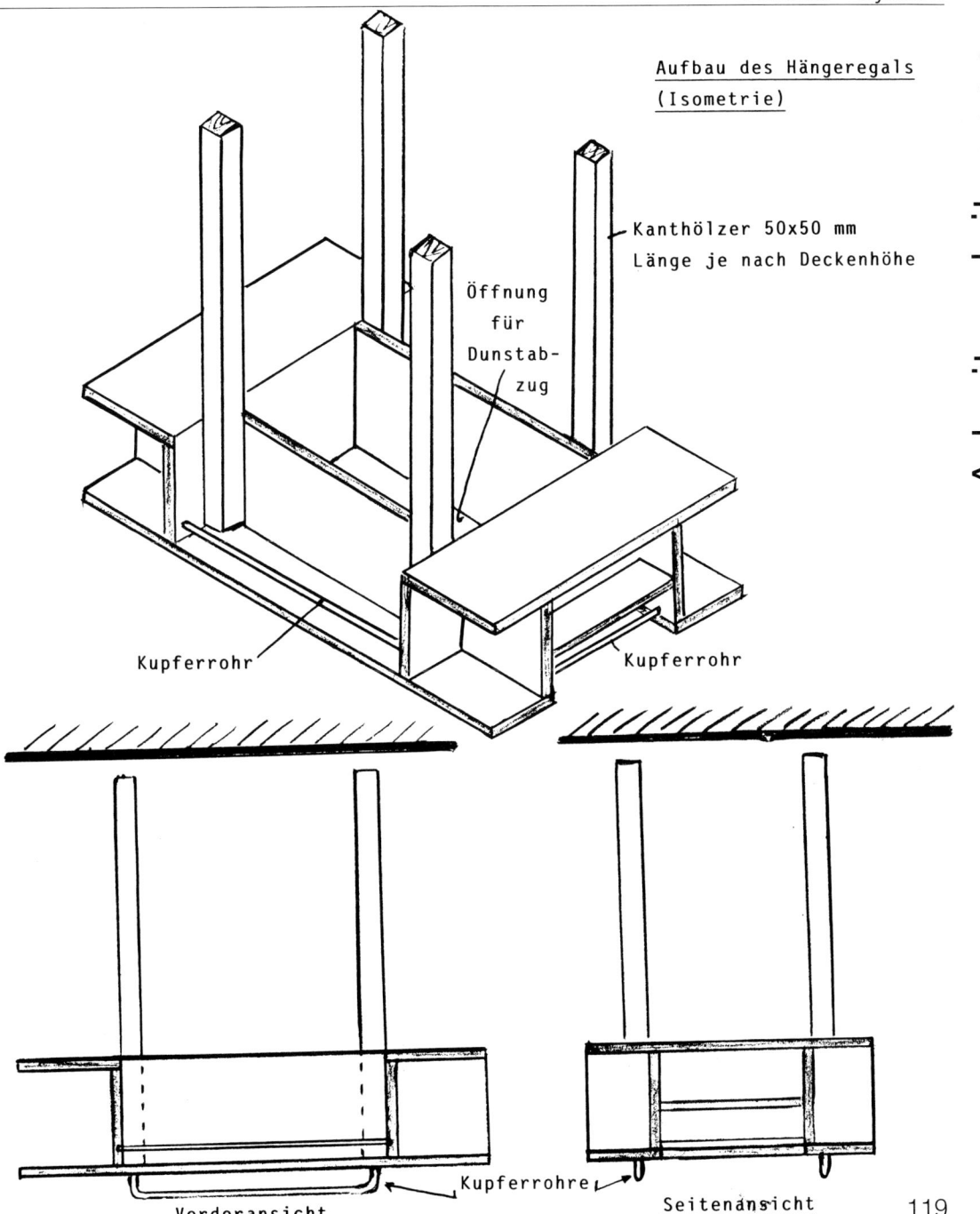

Aufbau des Hängeregals (Isometrie)

Kanthölzer 50x50 mm
Länge je nach Deckenhöhe

Öffnung für Dunstabzug

Kupferrohr

Kupferrohr

Vorderansicht

Kupferrohre

Seitenansicht

Bildquellen-Nachweis

Die nachstehend aufgeführten Firmen haben Bildmaterial zur Verfügung gestellt. Die Zahlen in den Klammern nach den Seitenzahlen beziffern die Anzahl der überlassenen Abbildungen. Für die freundliche Unterstützung möchte ich als Autor allen beteiligten Firmen und Institutionen danken.
Wenn Sie Materialien dieser Firmen bei Ihrem Fachmarkt nicht erhalten, können Sie sich direkt an sie wenden. Man wird Ihnen dann die Adresse des nächstgelegenen Fachhändlers nennen.

AMK, Arbeitsgemeinschaft DIE MODERNE KÜCHE e.V., Kinzigweg 1, 64297 Darmstadt, Tel.:0 61 51/5 60 45: 23 (2), 48 (3), 49 (1), 52 (3), 57 (3), 58 (4), 59 (1), 60 (3), 61 (1).

Beiersdorf AG, Produktinformation TESA, Unnastraße 48, 20253 Hamburg, Tel.: 0 40/5 69 26 10: 65 (2), 91 (1), 97 (1),102 (3),103 (1), 104 (2).

Deutsche Rockwool Mineralwoll-GmbH, Karl-Schneider-Straße 14-18, 45966 Gladbeck, Tel.: 0 20 43/ 40 82 77: 67 (1).

Erfurt & Sohn, Postfach 23 01 03, 42391 Wuppertal, Tel.: 02 02/6 11 02 18: 44 (3), 69 (1),101 (3),104 (1).

Fischer-Werke, Artur Fischer GmbH & Co. KG, Postfach 52, 72176 Waldachtal, Tel.: 0 74 43/1 21: 18 (2), 63 (1), 73 (3), 74 (2), 75 (2), 88 (1), 89 (1), 90 (1), 98 (1), 105 (1),116 (1), 117 (3),118 (1).

Fördergemeinschaft Gutes Licht, Stresemannallee 19, 60596 Frankfurt/M.: 25 (1).

Glasurit, BASF Farben + Fasern AG, Max-Winkelmann-Str. 80, 48165 Münster-Hiltrup, Tel.: 0 25 01/14 31 60: 55 (2), 90 (1), 91 (2), 96 (1), 113 (3), 114 (1).

Friedrich Grohe Armaturenfabrik GmbH & Co., Postfach 13 61, 58653 Hemer, Tel.: 0 23 72/5 31: 48 (1).

Home Ceram GmbH, Lothringer Straße 31, 66740 Saarlouis, Tel.: 0 68 31/4 80 77: 41 (2), 43 (1), 56 (3), 70 (1), 82 (1), 84 (2), 85 (1), 86 (1).

Hornitex Werke, Gebr. Künnenmeyer GmbH & Co.KG, Bahnhofstraße, 32805 Horn-Bad Meinberg, Tel.: 0 52 34/ 1 24 94: 35 (1).

Lugato Chemie GmbH, Dr. Büchtemann GmbH & Co., Helbingstraße 60-62, 22047 Hamburg, Tel.: 0 40/6 94 49 90: 29 (1), 33 (1), 38 (3), 42 (2), 72 (3), 99 (3), 100 (2).

Emil Lux, Postfach 1610, 42905 Wermelskirchen, Tel.: 0 21 96/76 00: 33 (1), 64 (1), 89 (1), 94 (1), 98 (1), 116 (1), 119 (1).

Metabowerke GmbH & Co. KG, Postfach 12 29, 72602 Nürtingen, Tel.: 0 70 22/7 20: 29 (2), 32 (3), 34 (1), 37 (1), 55 (1), 63 (1), 64 (2), 65 (1), 90 (1), 92 (1), 94 (2), 95 (1), 98 (1), 104 (3), 105 (1), 106 (1), 110 (1), 111 (2), 112 (2), 115 (3), 116 (1), 119 (1).

Poggenpohl Möbelwerke GmbH & Co., Herringhauser Straße 33, 32051 Herford, Tel.: 0 52 21/38 10; 23 (1), 26 (2), 53 (1).

Rigips GmbH, Schanzenstraße 84, 40549 Düsseldorf, Tel.: 02 11/5 50 30: 9 (1), 17 (2), 22 (1), 30 (3), 31 (3), 66 (3), 67 (2), 68 (3), 69 (2), 74 (1), 83 (3), 84 (1), 105 (2).

Stiebel Eltron GmbH & Co.KG, Dr.-Stiebel-Straße, 37603 Holzminden 1, Tel.: 0 55 31/70 21: 8 (1), 10 (1), 11 (1), 12 (2), 19 (1), 62 (1), 96 (1), 100 (1).

tom-foto, Handwerkshof 6, 51469 Bergisch-Gladbach, Tel.: 0 22 02/3 97 76: 46 (1).